CÓMO OBTENER LO
MÁXIMO
DE LA
PALABRA
DE
DIOS

CÓMO OBTENER LO
MÁXIMO
DE LA
PALABRA
DE
DIOS

UNA GUÍA DIARIA PARA
ENRIQUECER SU ESTUDIO
DE LA BIBLIA

JOHN MacARTHUR

Editorial
PORTAVOZ

La misión de Editorial Portavoz consiste en proporcionar productos de calidad —con integridad y excelencia—, desde una perspectiva bíblica y confiable, que animen a las personas en su vida espiritual y servicio cristiano.

Título del original: *How to Get the Most from God's Word*, © 1997 por John MacArthur y publicado por W Publishing, filial de Thomas Nelson Inc., P.O. Box 141000, Nashville, Tennessee 37214.

Edición en castellano: *Cómo obtener lo máximo de la Palabra de Dios*, © 2003 por John MacArthur y publicado por Editorial Portavoz, filial de Kregel, Inc., Grand Rapids, Michigan 49505. Todos los derechos reservados.

Traducción: John Alfredo Bernal

EDITORIAL PORTAVOZ
2450 Oak Industrial Dr. NE
Grand Rapids, Michigan 49505 USA

Visítenos en: www.portavoz.com

ISBN 978-8254-5709-8

2 3 4 5 edición / año 23 22 21 20 19 18

Impreso en los Estados Unidos de América
Printed in the United States of America

CONTENIDO

Prólogo 7

Tercera parte
SEPA CÓMO ESTUDIAR LA BIBLIA

PRÓLOGO

D esde el día en que sentí el llamado de Dios al ministerio de tiempo completo, la pasión que ha impulsado mi vida ha sido entender con sencillez la Palabra de Dios para después hacerla comprensible a otros. Toda mi energía pastoral, a través de la predicación, el discipulado, la enseñanza, los materiales escritos y hasta la visitación, está enfocada en esa meta única. Cada aspecto de mi trabajo es un medio para ese fin. Yo nunca he aspirado a ser conocido como teólogo académico o clérigo distinguido. Tan solo quiero saber qué quiere decir la Palabra de Dios y dar a conocer esto a otros. Ese apetito insaciable es lo que me ha motivado desde el comienzo de mi ministerio.

Aunque he tratado muchas veces asuntos teológicos y controversias doctrinales en mis escritos y en mi predicación, nunca lo he hecho desde un punto de vista académico ni con ánimo de polemizar. Por cierto, jamás lo he hecho porque me guste el debate erudito. El único factor que me impele ha sido el deseo ardiente de entender la Palabra de Dios con precisión máxima y enseñarla con alta fidelidad.

Cuando de discernir la verdad de Dios se trata, la opinión popular, la sabiduría convencional y la "erudición" de los cínicos del momento me tienen sin cuidado en lo más mínimo. Ni siquiera me interesa que este o aquel punto de doctrina se ajuste a esta o aquella tradición histórica. Tan solo pretendo entender lo que la Biblia quiere decir conforme a lo que está escrito en el texto bíblico.

Es mi convicción que la Biblia no es difícil de entender para el corazón que cree, y cuanto más la entiendo, más inconmovible es mi convicción de que la Biblia es la Palabra de Dios viva, inerrante y con autoridad suprema. Ella tiene este efecto asombroso en mí: cuanto más la estudio, más hambre tengo de conocer. La Palabra de Dios no solo es lo único que satisface por completo mi apetito, sino que también despierta en mí un hambre todavía más profunda. Hacer a otros partícipes de esa hambre siempre ha sido el gozo supremo de mi corazón como pastor. Con esto en mente, he consagrado los últimos dos años de mi vida a la producción de una nueva Biblia de estudio. Este ha sido el proyecto más intenso de mi vida y una de las tareas más provechosas que he emprendido.

En coordinación con el lanzamiento de esta Biblia de estudio, he preparado el libro que usted tiene ahora en sus manos. El material aquí incluido representa treinta años de mi ministerio de predicación grabado y escrito. Estos capítulos exponen el corazón de lo que he enseñado acerca de la Palabra de Dios, cómo estudiarla y cómo discernir su significado por uno mismo. Algunos de estos capítulos han sido publicados en diversos formatos, pero aquí son presentados por primera vez de manera sistemática y en un volumen nuevo.

Mi oración es que este libro sea útil para usted mientras procura saciar su propio apetito de conocer y entender la Palabra de Dios.

John MacArthur

Primera parte

SEPA QUE PUEDE CONFIAR EN LA BIBLIA

Capítulo uno

¿CÓMO PODEMOS CONOCER A DIOS?

*L*a humanidad entera se encuentra atrapada en el planeta tierra, sujeta al tiempo y al espacio, rodeada por un universo ilimitado. Muchos sienten en lo más profundo de su ser que debe existir un poder supremo o Dios, y por eso tratan de descubrir cómo pueden conocer a este ser supremo. El resultado de esa búsqueda es la religión, que es una invención humana apropiada por cada persona que intenta encontrar a Dios.

El cristianismo, por otro lado, nos enseña que no somos nosotros quienes encontramos a Dios, porque Él ya nos ha encontrado. Dios se ha manifestado a nosotros por medio de su Palabra. En el Antiguo y en el Nuevo Testamento de las Santas Escrituras encontramos esta revelación personal de Dios.

La Biblia comprende toda la historia del planeta tierra. Durante todos estos siglos Dios siempre se ha mostrado a sí mismo porque Él es comunicativo por naturaleza. El artista pinta y el solista canta porque esas habilidades están en su interior. Dios habla porque Él desea ser conocido por sus criaturas.

Francis Schaeffer dijo lo siguiente acerca de Dios: "Él está allí, y no permanece en silencio".

En el principio Dios habló y el universo surgió de la nada. Leemos acerca de cómo habló a Adán, a Abraham, a Moisés y a los profetas. Los judíos entendieron que Dios era un Dios que hablaba, y a través de sus mensajeros escucharon muchas veces la expresión "así dice el Señor". En los libros de los profetas leemos esta locución con mucha frecuencia. "Así ha dicho Jehová de los ejércitos: Volveos a mí, dice Jehová de los ejércitos, y yo me volveré a vosotros, ha dicho Jehová de los ejércitos" (Zac. 1:3). En todo el libro de Ezequiel leemos la expresión "me dijo", cada vez que Dios hablaba a Ezequiel, a quien asimismo llamó "hijo de hombre" un total de noventa y una veces (Ez. 2:1; 3:3, 4, 10).

Al venir Jesús al mundo, Él fue llamado Verbo de Dios, y fue un nombre apropiado para la revelación encarnada de Dios, Jesús la Palabra viva. "En el principio era el Verbo, y el Verbo era con Dios, y el Verbo era Dios. Este era en el principio con Dios… Y aquel Verbo fue hecho carne, y habitó entre nosotros (y vimos su gloria, gloria como del unigénito del Padre), lleno de gracia y de verdad" (Jn. 1:1, 14). Lo que Dios ha hablado no cambia. "Para siempre, oh Jehová, permanece tu palabra en los cielos" (Sal. 119:89). Jesús dijo: "el cielo y la tierra pasarán, pero mis palabras no pasarán" (Mt. 24:35), y Pedro escribió: "la palabra del Señor permanece para siempre" (1 P. 1:24, 25).

A veces Dios guarda silencio

El Dios que habla, sin embargo, en ciertas ocasiones opta por quedar en silencio durante un tiempo, y lo hace para dar lugar a su juicio perfecto. Por ejemplo, Dios se comunicaba sin problemas con el rey Saúl, pero el rechazo reiterado del Señor por parte de Saúl así como su desobediencia frecuente, terminaron por afectarle en lo más profundo. Al llegar a ese punto, Saúl invocó al Señor pero no recibió respuesta: "Jehová no le respondió ni por sueños, ni por Urim, ni por profetas" (1 S. 28:6).

También hubo un tiempo en que por fin se agotó la paciencia de Dios con su pueblo Israel, por lo cual dijo a Jeremías, el profeta que lloraba por el pecado de su pueblo: "no ruegues por este pueblo para bien" (Jer. 14:11, 12).

En el libro de Proverbios leemos que Dios prometió derramar su Espíritu sobre todos nosotros y darnos a conocer sus palabras (Pr. 1:23), pero ¿qué sucede a los que se niegan a escuchar? Los versículos siguientes lo describen de manera detallada.

Por cuanto llamé, y no quisisteis oír, extendí mi mano, y no hubo quien atendiese, sino que desechasteis todo consejo mío y mi reprensión no quisisteis, también yo me reiré en vuestra calamidad, y me burlaré cuando os viniere lo que teméis; cuando viniere como una destrucción lo que teméis, y vuestra calamidad llegare como un torbellino; cuando sobre vosotros viniere tribulación y angustia. Entonces me llamarán, y no responderé; me buscarán de mañana, y no me hallarán. (Pr. 1:24-28)

Dios es personal

¿Cómo es Dios, este revelador que habla? En primer lugar, el Dios que habla es personal. Se llama a sí mismo Yo y se dirige a quienes habla como ustedes. Moisés preguntó a Dios cuál era su nombre, "y respondió Dios a Moisés: YO SOY EL QUE SOY. Y dijo: Así dirás a los hijos de Israel: YO SOY me envió a vosotros" (Éx. 3:14). YO SOY denota una personalidad específica. Dios tenía un nombre propio y de hecho Él mismo asignó nombres a otros, como en el caso de Abraham e Israel. El nombre YO SOY alude a una personalidad libre, con propósito y suficiente por sí misma. Dios es lo que Él quiere ser y nos comunica esto con el nombre que eligió para darse a conocer a nosotros.

Dios no es como una nube y no es una cosa. No es una fuerza impersonal, ciega y sin dirección. Él no es energía cósmica. Dios es un ser todo poderoso que existe por sí mismo y se determina a sí mismo, el cual posee mente y voluntad. ¡Él es una persona!

Si usted busca en la Biblia, encontrará que Dios no solo es personal sino que tiene una personalidad triple. En las primeras palabras de Génesis, Dios dijo: "hagamos al hombre a *nuestra* imagen, conforme a *nuestra* semejanza" (Gn. 1:26, cursivas añadidas). En los Salmos, leemos un texto sagrado en el que Dios habla a Dios: "*Jehová* dijo a mi *Señor*" (Sal. 110:1, cursivas añadidas). El nombre de Dios en el Nuevo Testamento es Padre, Hijo y Espíritu Santo (Mt. 28:19). Dios es personal.

Una segunda característica de Dios el revelador es que es un ser moral. Él es el único Santo en sí mismo, aquel que tiene la definición y el interés absoluto en cuanto a lo correcto y lo incorrecto. La moralidad es una prioridad para Dios, y esto se expresa en las palabras prodigiosas que dijo a Moisés: "y pasando Jehová por delante de él, proclamó: ¡Jehová! ¡Jehová! fuerte, misericordioso y piadoso; tardo para la ira, y grande en misericordia y verdad; que guarda misericordia a millares, que perdona la iniquidad, la rebelión y el pecado, y que de ningún modo tendrá por inocente al malvado; que visita la iniquidad de los padres sobre los hijos y sobre los hijos de los hijos, hasta la tercera y cuarta generación" (Éx. 34:6, 7).

Esto puede parecer contradictorio. Después de hablar de su gracia, misericordia y perdón, Dios dice que no permitirá que los culpables queden sin castigo. Esto nos asegura que Dios es *justo* y que no dirá a los culpables "todo está bien, esta vez te dejaré ir sin problema". Dios sí muestra misericordia, pero alguien tiene que pagar el castigo por el pecado. Los evangelios enseñan con claridad que ese "alguien" es Jesucristo.

Cómo conocer al Dios desconocido

Un tercer aspecto de la naturaleza de Dios es que Él no solo es personal y moral, sino que también es el Creador, el sustentador, el principio y el fin de toda la creación. Leemos en Romanos que "de él, y por él, y para él, son todas las cosas" (11:36).

Escuche las palabras de Pablo en el discurso que dio a los atenienses en el Areópago: "varones, al entrar en su gran ciudad noté que tienen una gran cantidad de estatuas religiosas. Es obvio que ustedes son muy religiosos, porque incluso encontré una estatua dedicada *al Dios no conocido*, como decía en la inscripción. Pues bien, me gustaría presentárselos, ya que lo conozco muy bien" (Hch. 17:23, paráfrasis del autor).

Pablo dijo a sus oyentes que Dios era la fuente de todas las cosas: "el Dios que hizo el mundo y todas las cosas que en él hay, siendo Señor del cielo y de la tierra, no habita en templos hechos por manos humanas" (Hch. 17:24). Dios también sustenta todas las cosas: "él es quien da a todos vida y aliento y todas las cosas... Porque en él vivimos, y nos movemos, y somos; como algunos de vuestros propios poetas también han dicho: Porque linaje suyo somos" (vv. 25, 28). Además, Dios es el fin, la meta y el propósito de todo: "para que busquen a Dios, si en alguna manera, palpando, puedan hallarle" (v. 27). El destino del hombre es buscar y conocer a este Dios que da vida y la sustenta. Todo el propósito de la existencia del hombre se cumple si y solo si conoce a Dios, y la búsqueda de Dios por parte del hombre debe empezar y terminar en las Escrituras porque allí es donde Dios se ha revelado a sí mismo. Además, un recurso personal como *La Biblia de estudio MacArthur*, puede ayudarle a aprender más acerca de Dios y del plan que Él tiene para su vida.

Dios está disponible

Todo esto es muy impresionante, pero no significaría mucho si Aquel quien habla no estuviera a nuestro alcance. Él está disponible, y ese es el propósito de su revelación de sí mismo en las Escrituras. Él *quiere* que le conozcamos, y como es una persona, Él también quiere tener compañerismo y comunión con nosotros. Además, como es moral, Él quiere tratarnos conforme a su rectitud y justicia. Que Él sea la fuente, el sustentador y el fin de toda la creación, significa que nuestro destino depende de nuestra relación con Él, y el hecho de que Él esté siempre disponible es un concepto emocionante. Nosotros podemos entrar en una relación plena con el Dios quien habla, pero solo conforme al método que su revelación presenta de manera tan clara en la Biblia. Jesús dijo: "Yo soy el camino, y la verdad, y la vida; nadie viene al Padre, sino por mí" (Jn. 14:6). Además, Pedro declaró que "en ningún otro hay salvación; porque no hay otro nombre bajo el cielo, dado a los hombres, en que podamos ser salvos" (Hch. 4:12).

Capítulo dos

¿CÓMO NOS HA HABLADO DIOS?

l Dios que habla lo ha hecho a través de la Biblia, que es su revelación a nosotros. Es importante que entendamos esto porque muchos afirman hoy día tener una "revelación nueva".[1]

Después de haber hablado en un seminario, una mujer joven se acercó a mí.

–Usted no cree que en la actualidad se den revelaciones nuevas, ¿estoy en lo correcto? –preguntó ella.

–Así es –contesté–. Yo creo que la revelación de Dios ya está completa.

–Bueno, lo que pasa es que yo voy a una iglesia en la que predica un apóstol –insistió la mujer.

–Eso es muy interesante, ¿y de quién se trata? ¿Pedro, Santiago, Juan o Pablo?

–Ninguno de ellos, por supuesto, pero es un apóstol sin lugar a dudas.

–¿Cómo sabe usted que se trata de un apóstol? –le pregunté.

–Porque él habla por revelación directa de Dios.

Yo guardé silencio por un instante.

–¿Quiere decir que esta persona al levantarse a hablar no solo dice un sermón que ha preparado con anterioridad, sino que Dios habla a través de él?

–Así es –afirmó ella–. Nos da revelaciones directas todos los domingos.

¿Cómo podemos evaluar una afirmación de este calibre? ¿Qué debería pasar por nuestra mente si vamos a una librería cristiana y vemos un libro que describe una visión revelada de parte de Dios que contradice la Biblia o que le añade algo?

Debemos buscar la respuesta en el origen del mensaje transmitido. ¿Es cierto que provino de un acto de amor voluntario por parte de Dios tras decidir revelarse a sí mismo de una manera nueva en la actualidad, o en realidad fue algo que salió de la mente de una persona que creyó hablar en representación de Dios?

¿Acaso Moisés se levantó un buen día, y como no tuvo nada mejor que hacer se le ocurrió de repente que podría volverse famoso si se sentaba a escribir un libro sobre la creación del mundo? "A ver pues, me pregunto, ¿cómo llegó a existir este mundo? Bueno, a mí me parece que en el principio…"

No es así como ocurrió. Dios dijo a Moisés lo que había sucedido y su siervo fue obediente en registrar lo que Dios le reveló: "en el principio creó Dios los cielos y la tierra" (Gn. 1:1). Fue una revelación de Dios, no una suposición de Moisés.

Imagine que Isaías se hubiera sentado a escribir por iniciativa propia: "he aquí que la virgen concebirá, y dará a luz un hijo, y llamará su nombre Emanuel" (Is. 7:14). Yo no podría escribir algo así, pero Isaías lo hizo porque le fue revelado por Dios.

Ahora imagine a Miqueas diciendo: "pero tú, Belén Efrata, pequeña para estar entre las familias de Judá, de ti me saldrá el que será Señor en Israel; y sus salidas son desde el principio, desde los días de la eternidad" (Mi. 5:2). Este hombre no habría podido decir esta profecía válida a no ser que le hubiera sido revelada.

¿Puede imaginarse que David pudiera escribir con relación a la crucifixión: "Dios mío, Dios mío, ¿por qué me has desamparado?" (Sal. 22:1), cientos de años antes que Jesús naciera, sin haber recibido una revelación sobrenatural de Dios?

La sabiduría sobrenatural y las grandes profecías es la Biblia vinieron de Dios mismo, no de los hombres. Fueron pensamientos y palabras de Dios, no especulaciones humanas (Mt. 16:17; 2 P. 1:21). Además, nada debe añadirse a esta revelación (Jud. 3; Ap. 22:18, 19). Vamos a considerar otros aspectos de la revelación de Dios.

El mundo de la naturaleza

Dios se ha revelado a nosotros de dos maneras: por medio de la *revelación natural* y por medio de la *revelación especial*. No podemos observar la belleza que nos rodea durante todo el día o ver las estrellas en la noche sin llegar a la conclusión lógica de que Alguien más grande que nosotros hizo todo esto. *Todas las cosas* proclaman en voz alta la existencia de Dios y su obra magnífica. "Porque las cosas invisibles de él, su eterno poder y deidad, se hacen claramente visibles desde la creación del mundo, siendo entendidas por medio de las cosas hechas, de modo que no tienen excusa" (Ro. 1:20).

El mundo de la naturaleza revela tres cosas. La primera es el poder de Dios. Al mirar el mundo creado, quedamos asombrados ante el poder tremendo que debió ejercerse en su formación. Por ejemplo, una estrella llamada *Betelgeux* o "casa en medio del espacio", tiene un tamaño que es por lo menos el doble de la órbita terrestre alrededor del sol y se encuentra a quinientos años luz de distancia. A una velocidad de trescientos mil kilómetros por segundo, se necesitan quinientos años para que la luz de esta estrella sea visible en la tierra. Esta es tan solo una estrella en un universo que contiene miles de millones de estrellas semejantes a ella, ¡y todo esto fue hecho por Dios nuestro Creador!

La naturaleza también revela la deidad. La palabra griega que significa deidad subraya el carácter soberano de Dios, el hecho de que solo Él es Dios. El Dios quien creó el universo es soberano y tiene control total sobre todos los detalles del espectáculo universal.

En tercer lugar, la naturaleza nos hace evidente la ira de Dios. En Romanos 1:20 leemos que los incrédulos no tendrán excusa alguna al verse abocados al juicio de Dios. Es evidente dondequiera que miremos la maldición que existe sobre el planeta, y que se trata de una sentencia de tipo moral. El mundo gime como con dolores de parto mientras aguarda su redención (Ro. 8:22).

En pocas palabras, ese es el contenido básico de la revelación natural.

"Es un poco revuelto y difícil de entender", quizá se sentirá usted inclinado a decir. No obstante, la Escrituras nos dice que el hecho de que Dios existe es "claramente visible" la revelación de la naturaleza es clara. Nadie puede excusarse con argumentos de ignorancia, porque esos mismos argumentos demuestran que sí sabemos de qué estamos hablando. Los ateos no tienen una sola coartada que funcione, y tampoco existen excusas válidas para los agnósticos.

Resultados del rechazo

Si es tan claro y evidente que la creación es la obra de un Creador, ¿por qué muchos han pasado por alto esta conclusión? La dificultad no está en la revelación sino en el hombre.

Pues habiendo conocido a Dios, no le glorificaron como a Dios, ni le dieron gracias, sino que se envanecieron en sus razonamientos, y su necio corazón fue entenebrecido... [ellos] cambiaron la gloria del Dios incorruptible en semejanza de imagen de hombre corruptible, de aves, de cuadrúpedos y de reptiles. (Ro. 1:21-23)

Tan pronto el hombre rechaza de forma deliberada la verdad acerca de Dios que puede conocerse por medio de la naturaleza, Dios abandona el hombre a la idolatría (v. 23), la depravación sexual (vv. 24-27) y a una mente réproba (v. 28). Como resultado de esto, el hombre no puede conocer a Dios por su propia cuenta, a pesar de que vive en un mundo que le muestra de mil maneras el carácter, los atributos, el poder y las obras de Dios. En un sentido espiritual el hombre que no reconoce a Dios está muerto (Ef. 2:1). Un hombre muerto no responde ni reacciona. El hombre también está ciego (Ef. 4:18). Un hombre ciego no puede ver la verdad sin importar cuán bien iluminada esté. El mismo versículo nos cuenta que el hombre no regenerado no solo está muerto y ciego, sino que también es ignorante sin remedio. Muerto. Ciego. Ignorante. ¡Su condición es el resultado terrible del pecado!

La luz interior

La revelación natural no se limita a la creación externa, sino que también se transmite a través de nuestra propia conciencia, la cual es interna: "lo que de Dios se conoce les es manifiesto" (Ro. 1:19). La gente hoy día, gracias a lo que tienen en su propio interior, es consciente de que Dios existe. El mismo Alberto Einstein supo que tenía que creer en un poder cósmico. Estaba convencido de que un hombre que no creyera en "el" poder cósmico como la fuente de todas las cosas era un mentecato.

Por supuesto, cualquier persona puede negar esto con mucha facilidad: "dice el necio en su corazón: No hay Dios" (Sal. 14:1). Es interesante que la palabra *necio* también puede traducirse "malvado". Los ateos son malvados, eso es lo único que explica su ateísmo. En su maldad han reducido a Dios a la no existencia con el fin de entretener sus pecados y perder el sentido de la obligación moral.

Sin embargo, a fin de que el necio pueda decir la palabra *Dios*, debe tener un concepto de Dios, y si tiene un concepto de Dios, esto implica que en su mente *existe* Dios. Es imposible pensar en algo que no existe, lo único que hace el necio es tratar de eliminar algo que su misma capacidad de razonamiento le dice que existe como tal. Que el necio se esfuerce tanto en negar la existencia de Dios es un testimonio implícito de que Dios debe existir, o el necio no tendría en qué gastar su tiempo y sus energías.

La naturaleza es pues, un despliegue que Dios hace de sí mismo dentro y fuera del hombre, a través de su conciencia y del ambiente que le rodea. El astrónomo Herschel dijo: "cuanto más se amplía el campo de la ciencia, más complejas e irrefutables se vuelven las pruebas que apoyan la existencia eterna de una sabiduría creativa y omnipotente". Linneo, el famoso profesor de medicina y botánica en el siglo dieciocho, declaró: "he visto en todas partes las huellas de Dios". El astrónomo Kepler testificó: "en la creación he sentido a Dios como si le tuviera en mis propias manos".

A cierto líder cristiano del siglo tercero que era conocido por su sabiduría, le preguntaron en cierta ocasión cómo había llegado a ser tan sabio. Esto es lo que respondió:

La fuente de todo lo que he aprendido está en dos libros. Uno es pequeño y el otro muy grande. El primero tiene muchas páginas, el segundo solo dos. Las páginas del primero son blancas y con muchas letras negras sobre ellas. Una de las páginas del libro grande es azul y la otra es verde. En la página azul hay una letra dorada y grande con muchas letras plateadas y pequeñas alrededor. En la página verde hay letras incontables de color rojo, blanco, amarillo, azul y dorado. El libro pequeño es la Biblia, y el grande es la naturaleza.

Estos dos "libros" siempre van juntos. Ambos testifican de la revelación del único Dios viviente, y ambos testimonios están en armonía y despliegan a su manera el poder, la grandeza y el amor del Señor del universo.

El pecado se convirtió en una barrera

De modo que contamos con la revelación natural dada a nosotros por medio de la creación y de nuestras propias conciencias. La revelación natural fue plenamente eficaz antes de la caída del hombre en el huerto de Edén. En aquel entonces no había pecado ni barrera comunicativa. Adán y Eva podían vivir con Dios motivados en lo profundo de sus corazones puros. Dios no vio necesario escribirles en el huerto, pero después de la caída la revelación natural dejó de ser suficiente. El pecado puso una barrera entre el hombre pecador y el Dios santo. Alguien tendría que llevar sobre sí el castigo terrible por ese pecado y suministrar un camino para restaurar al hombre en su comunión con Dios (2 Co. 5:21). Dios predijo a través de sus santos profetas en el Antiguo Testamento que ese Salvador vendría, y más tarde registró en el Nuevo Testamento cómo el Hijo de Dios vino al mundo, murió, fue sepultado y después se levantó glorioso de los muertos. Jesucristo se convirtió en ese camino único y suficiente.

El Nuevo Testamento aclara esta verdad. Jesús dijo: "Yo soy el camino, y la verdad, y la vida; nadie viene al Padre, sino por mí" (Jn. 14:6). Pedro dijo: "y en ningún otro hay salvación; porque no hay otro nombre bajo el cielo, dado a los hombres, en que podamos ser salvos" (Hch. 4:12). Jesús dijo a los hombres que se condenarían por no haber creído en Él (Jn. 3:18). Pablo declaró al carcelero de Filipos: "cree en el Señor Jesucristo, y serás salvo" (Hch. 16:31). La fe en Cristo es necesaria e imprescindible.

Revelación especial

La revelación especial continúa donde la naturaleza y la conciencia terminan. La revelación especial nos dice todo lo que necesitamos saber acerca de Dios, en especial aquellas verdades que no se habían podido entender antes, como la misericordia de Dios, el misterio de su gracia, cómo puede ser perdonado el pecado, y muchas otras. Nos cuenta acerca del sacrificio de Cristo, la salvación y la iglesia.

La revelación especial nos enseña detalles específicos. Dios no nos ha hablado en murmullos, sino con toda claridad y precisión, con palabras bien escogidas, con verbos, sustantivos y adjetivos puntuales y con matices lingüísticos llenos de significado.

La revelación especial de Dios fue dada de manera progresiva. Al leer el libro de Génesis, obtenemos parte de la revelación de Dios y es limitada. Al leer solo el Antiguo Testamento obtenemos solo parte de la revelación. La Escrituras es revelación progresiva en el sentido de que al principio es parcial y al final es completa, no que haya pasado de error a verdad o de verdad a error con el paso del Antiguo al Nuevo Testamento.

Algunos de los profetas del Antiguo Testamento leían lo que habían escrito para tratar de interpretar con exactitud lo que significaba. Estudiaban sus propias profecías para determinar quién habría de cumplir las profecías relacionadas con el Mesías y cuándo sucederían estas cosas (1 P. 1:10-12). Ellos entendieron que el cumplimiento de estas promesas sería futuro.

En este sentido, la revelación especial fue un proceso en el tiempo y en el espacio, mediado por la cultura y la historia de los pueblos adyacentes. Primero Dios se reveló en un marco de referencia pequeño y después en un contexto universal. Primero la revelación se confió a un hombre, luego a una familia, después a una tribu, a una nación, a una raza y en última instancia al mundo entero.

Dios se hizo hombre

¿Cómo se ha revelado Dios a sí mismo en la revelación especial? Se ha revelado en tres formas principales. La primera se denomina *teofanía*: la aparición visible de Dios en alguna manifestación. Vemos en el Antiguo Testamento que Dios apareció como ser humano en ciertas ocasiones. Acompañado por dos ángeles, Él apareció a Abraham como si fuera un viajero. Abraham saludó a los visitantes y les invitó a entrar en su morada. Luego dio instrucciones a Sara para que preparara sus mejores obras culinarias (Gn. 18:1-8). ¡Imagine a Abraham y su esposa en medio de la preparación de una comida especial para agasajar a Dios y dos ángeles! En esa ocasión, Dios tomó forma humana para comunicarse con Abraham.

Hubo otras ocasiones en las que Dios se reveló de forma visible. Él apareció a Moisés en una zarza ardiente (Éx. 3). También se manifestó como la gloria *shekiná* en el tabernáculo (Éx. 33-40). Jacob luchó con un "varón" que en realidad era Dios en forma humana (Gn. 32:24-32). Los teólogos llaman esto una *cristofanía*, es decir, una aparición de Cristo previa a su encarnación.

En cierto sentido, la teofanía más grande de todas fue la venida del Señor Jesucristo en forma humana para andar por la tierra y vivir entre los hombres. Dios no es un hombre, como la Biblia enseña con claridad. "Dios es Espíritu" (Jn. 4:24), pero Él ha elegido revelarse a sí mismo en forma humana, y de manera más perfecta en Jesucristo su Hijo.

Note que en cada uno de estos casos, la revelación especial de Dios cumplió un propósito específico. Dios tenía un mensaje específico para Abraham, para Moisés y para todos aquellos a quienes se apareció de forma personal. Ninguno de ellos quedó con dudas acerca de lo que Dios se propuso comunicarles.

Dios se comunica con nosotros de muchas maneras

Cuando Dios quería comunicar mensajes específicos, no era necesario que apareciera en persona. Él también habló a través de los profetas. El hombre de Dios abría su boca y decía: "Así dice el Señor". Dios tomaba control de su mente y de su boca. De hecho, en muchos pasajes de los libros proféticos resulta imposible separar a Dios del profeta que habló en su nombre.

Considere Deuteronomio 18:18, por ejemplo: "profeta les levantaré de en medio de sus hermanos, como tú; y pondré mis palabras en su boca, y él les hablará todo lo que yo le mandare". Esta es una profecía que se aplica a Cristo pero también describe la función de un profeta humano.

La comisión de Jeremías como profeta es otro ejemplo: "y extendió Jehová su mano y tocó mi boca, y me dijo Jehová: He aquí he puesto mis palabras en tu boca" (Jer. 1:9). Al abrir su boca Jeremías, brotaba la misma Palabra de Dios.

También existen otras formas asombrosas en que Dios transmite sus mensajes. Algunas veces se comunicó por medio de echar suertes, como lo hizo cuando quiso que Jonás regresara lo antes posible a tierra, ¡en el expreso cachalote! Los marineros paganos a bordo de la embarcación que naufragaba, echaron suertes y la suerte cayó sobre Jonás. Dios aseguró que a Jonás le tocara la cuerda más corta.

Otro método fascinante que Dios utilizó para comunicarse con su pueblo fue por medio del Urim y Tumim, aunque no se sabe con certeza qué clase de objetos era. Todo lo que sabemos es que se insertaban en el pectoral que usaba el sumo sacerdote y tal vez se trataba de piedras preciosas o joyas (Lv. 8:8). De algún modo se utilizaban para saber cuál era la voluntad de Dios (Esd. 2:63; 2 S. 28:6).

Dios también se comunicó a través de sueños, como en el caso de Jacob (Gn. 28:12-15), José (37:5-10), el copero y el panadero (40:5-23), y Faraón (41:1-44).

Otra forma muy común en que Dios se comunicaba era por medio de visiones. Daniel tuvo sueños y visiones que le permitieron aprender acerca de la voluntad y los propósitos de Dios.

En ciertas ocasiones Dios se comunicó por medio de una voz audible. Por ejemplo, Dios dijo a Abraham: "vete de tu tierra y de tu parentela, y de la casa de tu padre, a la tierra que te mostraré" (Gn. 12:1). Piense en el apóstol Pablo en su camino a Damasco. De repente el Señor le habló con voz fuerte desde el cielo. Qué concepto tan fantástico. Dios puede enviar su voz a través del firmamento, desde su cielo, para comunicarse con palabras habladas.

El medio del milagro

Además de comunicarse a través de la naturaleza y la profecía, Dios habló por medio de milagros. La definición simple de milagro es un acontecimiento extraordinario que manifiesta la intervención de Dios con el propósito de que Dios pueda revelarse a sí mismo de una manera especial.

Jesús autenticó su enseñanza con milagros para que la gente supiera que Él era Dios. Todo el evangelio de Juan apoya esta afirmación. Jesús sanó al paralítico con la misma autoridad y facilidad con que perdonó sus pecados (Mr. 2:1-12). Este milagro demostró y autenticó que Jesús es Dios.

Dios utilizó milagros para atestiguar la verdad de lo que había dicho a través de sus profetas. Elías, por ejemplo, anunciaba o que Dios había dicho pero eso no quería decir que la gente acatara lo dicho. Algunos pudieron haberle preguntado: "¿cómo sabemos que nos dices la verdad?" Por eso Dios dio poder y autoridad a Elías para levantar a un niño de los muertos, y con ello inspiró confianza de que Dios en verdad obraba por medio de sus profetas (véase 1 R. 17:17-24).

Pedro predicaba el evangelio y después demostraba el poder divino por medio de sanar a los enfermos. Esto hacía que la gente dijera: "en verdad este hombre debe venir de parte de Dios".

Vemos relatos en el Nuevo Testamento en los que Dios acompañó su Palabra con señales a fin de que la gente supiera que sí era su Palabra. En 2 Corintios 12:12 leemos acerca de señales, prodigios y milagros hechos por mano de los apóstoles, que fueron utilizados para certificar la autenticidad de la Palabra de Dios.

Cualquier milagro testifica que Dios existe. Es una manera en que Dios nos hace saber: "estoy aquí y tengo algo importante que decir". Debemos advertir que para Dios no es problema realizar un milagro. Después de todo, Él hizo el mundo, ¿no es así? Para Dios hacer un milagro es como meter un dedo en el agua y hacer ondas. Por cierto, cuando Dios hace un milagro nunca trastorna la naturaleza sino hasta el fin del tiempo, hasta el regreso de Jesús. El milagro tiene un propósito específico y limitado en tiempo y espacio. Por ejemplo, Jesús se paró frente a la tumba y dijo: "¡Lázaro, ven fuera!", y Lázaro salió y le quitaron las vendas mortuorias, pero pasados unos años volvió a morir (Jn. 11:43).

En su libro *La vida de Jesús*, Ernesto Renán dice que considera los milagros de la Biblia como leyendas. Para él, la resurrección de Lázaro es una hipótesis: Lázaro nunca estuvo muerto, sino que la gente de Betania hablaba de él como si ya hubiera sido resucitado de los muertos. Renán dice además que la historia de Lázaro es una tradición. Está convencido de que si estamos al tanto de las imprecisiones y las fábulas incoherentes que formaban parte de los rumores de una ciudad antigua en el medio oriente, debemos admitir que un rumor de este tipo era muy posible. El escritor sugiere en algunos apartes que la familia en Betania era culpable de algún tipo de indiscreción vergonzosa. Al parecer Renán quiere dar a entender que la familia quería tanto que la gente creyera en Jesús, que hicieron que Lázaro fingiera estar muerto para presentar al público una resurrección postiza. Sugiere incluso que Lázaro fue colocado por alguien en la tumba mientras María y Marta actuaban como si ya hubiese muerto y le plañían a la vista de todos.

Para que todos vean

Los milagros saltan a la vista, y así ocurre también con todos los demás medios que Dios utiliza para revelarse a sí mismo. Todos están registrados para nuestro beneficio en la Biblia, que es la incorporación misma de la revelación divina.

Jesús nunca sanó a una sola persona, según lo cree Renán. Según este escritor, Jesús solo ayudó a las personas enfermas por medio de su benevolencia para que se sintieran mejor. No obstante, sus seguidores consideraron que tales acciones fueron milagros. En el mar de Galilea, según Renán, Jesús no anduvo sobre el agua sino que fue sostenido a su paso por alguna especie de formación vegetal espesa.

¿Cómo sucedió la alimentación de los cinco mil? Renán declara que en una cueva cercana se había almacenado una gran cantidad de alimento. Jesús estaba al tanto de esto y ordenó a sus discípulos que lo sacaran y lo distribuyeran entre la multitud.

Creo que se necesita más fe para creer las explicaciones de Renán que para aceptar el registro bíblico tal como es.

Isaías, en su tiempo, aun con todo lo que Dios había dicho a los profetas en aquellos tiempos, quería más todavía: "verdaderamente tú eres Dios que te encubres... ¡Oh, si rompieses los cielos, y descendieras!" (Is. 45:15; 64:1). En efecto, Dios hizo lo que Isaías pidió de todo corazón:

> Dios, habiendo hablado muchas veces y de muchas maneras en otro tiempo a los padres por los profetas, en estos postreros días nos ha hablado por el Hijo, a quien constituyó heredero de todo, y por quien asimismo hizo el universo; el cual, siendo el resplandor de su gloria, y la imagen misma de su sustancia, y quien sustenta todas las cosas con la palabra de su poder, habiendo efectuado la purificación de nuestros pecados por medio de sí mismo, se sentó a la diestra de la Majestad en las alturas. (He. 1:1-3)

Esto se estudiará con más detalles en el siguiente paso de nuestro estudio (consulte una herramienta de referencia bíblica como *La Biblia de estudio MacArthur*, para obtener más información acerca de cómo inspiró Dios las Escrituras).

Capítulo tres

¿CÓMO INSPIRÓ DIOS LA BIBLIA?

*R*evelación e inspiración no son la misma cosa. La revelación es el mensaje, mientras que la inspiración fue el método principal de transmisión de ese mensaje divino a la humanidad. La inspiración es el acto del Espíritu Santo por el cual revela a escritores humanos el mensaje que Dios se propuso plasmar en el Antiguo y el Nuevo Testamento.

A fin de aclarar muy bien esta definición, miremos lo que *no* es inspiración. En primer lugar, *la inspiración no es un logro humano superlativo*. Piense en *La odisea* de Homero, *El Corán* de Mahoma, *La divina comedia* de Dante, o las tragedias de Shakespeare. Algunas personas dicen que la Biblia fue inspirada al igual que lo fueron esas grandes obras de la literatura universal. En otras palabras, que la Biblia solo es producto del genio literario humano, y que al ser resultado de la inspiración natural se puede esperar que tenga errores. Tiene material falible que no podemos creer. Estas personas reconocen que la Biblia tiene altos parámetros éticos y morales, así como enseñanzas importantes para la humanidad, pero al fin de cuentas, no pasa de ser un gran producto de la humanidad al mismo nivel de otros escritos excelentes.

El problema de esta perspectiva es que supone que Dios no escribió la Biblia sino que fue escrita por hombres inteligentes y preparados. ¿Es posible que hombres inteligentes y preparados escriban un libro que condena la humanidad pecadora al infierno eterno? ¿Acaso escribirían un libro que no ofrece otros medios humanos de salvación independientes del sacrificio perfecto de Jesucristo? ¡No! El hombre escribe libros que exaltan su condición humana. Nunca escribe libros para declarar que está condenado. La Biblia no puede ser entendida como un simple producto del esfuerzo y el ingenio humano.

En segundo lugar, la *inspiración no solo está en los pensamientos de los escritores.* Algunos dicen que en lugar de dar a los escritores palabras específicas, Dios solo les suministró ideas generales y les dejó a ellos el resto para que dijeran eso mismo con sus propias palabras. Según esta perspectiva, Dios electrizó a Pablo con un pensamiento acerca de lo lindo que es el amor. El apóstol reaccionó a este impulso y se sentó a escribir 1 Corintios 13. Según esta visión, los escritores de la Biblia fueron libres de decir lo que quisieran como quisieran. Es por esa razón que, si bien las verdades generales de las Escrituras son de inspiración divina, en la Biblia sí aparecen algunos errores de origen humano.

Esa opinión no es compatible con lo que la Biblia enseña. Pablo escribió: "lo cual también hablamos, no con palabras enseñadas por sabiduría humana, sino con las que enseña el Espíritu, acomodando lo espiritual a lo espiritual" (1 Co. 2:13). Las "palabras" son las palabras del Espíritu, declaró Pablo. La inspiración no solo era en términos de conceptos y pensamientos, sino de palabras específicas.

Jesús dijo: "porque las palabras que me diste, les he dado" (Jn. 17:8). En el Antiguo Testamento aparecen unas 3.808 veces expresiones como: "así dice el Señor", "la palabra del Señor" y "la palabra de Dios". Esto no se refiere a conceptos en las nubes, sino que Dios se comunica por medio de palabras inteligibles.

Considere el caso de Moisés. Al intentar desentenderse del llamado de Dios con la excusa de un impedimento para el habla, Dios no dijo: "yo inspiraré tus pensamientos". Más bien, le prometió: "yo estaré con tu boca y con la suya [de Aarón] y os enseñaré lo que hayáis de hacer" (Éx. 4:15). Dios no inspiró pensamientos, Él inspiró palabras.

Es por esa razón que más adelante Moisés insistió tanto en dar instrucciones exactas y literales al pueblo de Israel: "no añadiréis a la palabra que yo os mando, ni disminuiréis de ella, para que guardéis los mandamientos de Jehová vuestro Dios que yo os ordeno" (Dt. 4:2). "No añadan a la palabra ni quiten a la palabra", es lo que les advirtió Moisés con severidad. ¿Por qué? "Porque Dios me dio estas palabras específicas para ustedes", les respondería Moisés.

Del Espíritu Santo

Uno de los argumentos más contundentes contra la "inspiración de pensamientos" se encuentra en 1 Pedro, donde leemos esto acerca de la obra de los profetas del Antiguo Testamento:

> Los profetas que profetizaron de la gracia destinada a vosotros, inquirieron y diligentemente indagaron acerca de esta salvación, escudriñando qué persona y qué tiempo indicaba el Espíritu de Cristo que estaba en ellos, el cual anunciaba de antemano los sufrimientos de Cristo, y las glorias que vendrían tras ellos. (1 P. 1:10, 11)

El Espíritu dio profecías a los escritores que las escribieron, las leyeron y trataron de averiguar qué significaban. Tal vez usted se pregunte qué tiene eso de extraordinario. Lo extraordinario del asunto es que los profetas recibieron palabras sin entenderlas. Consignaron lo que se les dijo pero no entendían del todo lo que habían escrito. Dios no les dio pensamientos que ellos luego expresaron en sus propias palabras. Dios les dio las palabras. Esta es la razón por la que son tan importantes los pronombres, las preposiciones y las conjunciones en la Biblia, aunque a muchos les parezcan insignificantes. Jesús dijo: "el cielo y la tierra pasarán, pero mis palabras no pasarán" (Mt. 24:35).

La conversación asombrosa entre Pedro y Cristo también respalda este concepto de inspiración de palabras, no de pensamientos. Tan pronto Pedro le dijo "Tú eres el Cristo, el Hijo del Dios viviente", Jesús respondió: "no te lo reveló carne ni sangre, sino mi Padre que está en los cielos" (Mt. 16:16, 17). Pedro dijo con su boca lo que había en su cabeza, y lo único que había allí era lo que Dios había revelado en su mente. Dios le dio palabras específicas y no pensamientos inspirados.

Cierto escritor dijo: "los pensamientos están casados con las palabras como el alma lo está con el cuerpo". Si vamos a hablar de pensamientos que son inspirados sin palabras específicas que les dan expresión, sería lo mismo que hablar de una melodía sin notas o una suma sin cifras.

No podemos tener geología sin rocas ni antropología sin hombres. No podemos tener una sinfonía sin música ni un registro divino sin palabras de Dios. Los pensamientos son generados y transmitidos con palabras, y Dios reveló sus pensamientos en palabras. Esto es lo que llamamos inspiración verbal.

Teología con piel de gallina

Existe una tercera cosa que *no* es inspiración. *Inspiración no es un acto de Dios sobre la persona que lee.* Hay algunos que enseñan lo que podríamos llamar inspiración existencial, lo cual significa que la única parte de la Biblia que es inspirada es la parte que más emoción nos produzca. Si usted al leer un pasaje siente que se le pone la piel "de gallina", esto significa que ese pasaje es inspirado *para usted.* La Biblia se convierte en Palabra de Dios si le afecta de esta manera. ¿A qué conclusión puede llevar esta metodología? Si usted se siente extasiado y emotivo, convencido o confrontado, es porque esa es la Palabra de Dios para usted, mientras que en caso de no experimentar una reacción emocional es porque no se trata de la Palabra de Dios y no tiene autoridad sobre su vida.

Algunos dicen que las Escrituras contienen muchos mitos y que es necesario eliminar todo lo que ellos consideran fraudulento e incierto. Con esta metodología muchos justifican su desdén por la existencia eterna de Cristo, el nacimiento virginal, la deidad, los milagros, la muerte expiatoria y substitutiva, la resurrección y la ascensión. La mayoría de ellos sostienen que todas estas cosas son falsedades históricas. El rechazo del carácter histórico de las Escrituras y la aceptación de su significado espiritual como algo que proviene de Dios, son posturas que no se pueden sostener de manera simultánea porque se excluyen entre sí. Si la Biblia miente de principio a fin sobre cuestiones históricas, ¿por qué deberíamos creer su mensaje espiritual? Si la Biblia miente sobre cosas que pueden verificarse en la historia, ¿por qué deberíamos creer en su contenido espiritual que no es tan susceptible de verificación científica? A mí me parece que si Dios quisiera que confiáramos en el carácter espiritual de la Biblia, se habría asegurado que su carácter histórico también es digno de confianza.

Jesús dijo "tu palabra es verdad" (Jn. 17:17). La inspiración no es algo que dependa del lector.

Para concluir esta discusión acerca de lo que no es inspiración, *la inspiración no es un dictado mecánico*. Los escritores de la Biblia no eran maniquíes autómatas a quienes Dios programó para escribir el mensaje divino sin usar sus propias mentes.

Es verdad que Dios pudo haber empleado algún tipo de transcripción incorpórea para darnos la verdad, y que no tuvo necesidad de usar a hombres. Dios pudo haber hablado y redactado su Palabra en el cielo, para después revelarla a nuestras mentes por medio de algún tipo de ósmosis espiritual. Sabemos que no lo hizo así porque al abrir la Biblia encontramos personalidades diferentes. Cada libro tiene un carácter distintivo, cada autor tiene un estilo único. Existen variaciones en el lenguaje y el vocabulario, y al leer los diferentes libros de la Biblia, podemos sentir las emociones que los escritores sintieron al momento de escribir.

La Palabra obra en el escritor

Ahora bien, ¿cómo puede la Biblia ser la Palabra de Dios y al mismo tiempo ser, por ejemplo, las palabras y los pensamientos de Pablo? Dios moldeó la personalidad del escritor. Dios convirtió a Pablo en el hombre que Él quiso que fuera. Dios tuvo control sobre su herencia y su ambiente. Tan pronto el escritor llegó al punto que Dios se había propuesto, el Espíritu Santo dirigió y controló su libre albedrío para que escribiera las propias palabras de Dios. Literalmente, Dios seleccionó palabras provenientes de la vida, la experiencia, la personalidad, el vocabulario y las emociones propias de cada autor. Las palabras eran humanas, pero la vida de aquel ser humano había sido moldeada a tal punto por Dios, que también se trataba al mismo tiempo de las palabras de Dios. Por esa razón podemos decir que Pablo escribió Romanos, y podemos decir que Dios también escribió lo mismo. Ambas afirmaciones son correctas.

David testificó: "el Espíritu de Jehová ha hablado por mí, y su palabra ha estado en mi lengua" (2 S. 23:2). David dijo cosas que al salir de su boca eran la Palabra de Dios. ¡Emocionante! Los hombres santos de Dios fueron movidos por el Espíritu Santo en la misma dirección divina (2 P. 1:21). Todos ellos fueron escritores, no secretarios ni taquígrafos. Cada uno de ellos escribió con base en su propia personalidad. Al leer Jeremías, el profeta sufrido, podemos sentir la profundidad de sus emociones. Si leemos acerca de los juicios de fuego expresados por Amós, casi podemos experimentar lo que sintió al escribir. La personalidad humana es parte integral de las Escrituras.

En resumen, la inspiración no es un nivel superior de ingenio intelectual humano ni consiste en pensamientos etéreos que el escritor humano expresa en sus propias palabras. Tampoco es un acto subjetivo en la mente del lector y de ninguna manera es un dictado mecánico.

Para entender el significado real de inspiración, necesitamos estudiar un pasaje clave acerca del tema: "Toda la Escritura es inspirada por Dios" (2 Ti. 3:16). Esto también podría traducirse "toda la Biblia tiene el aliento de Dios", ya que en griego la palabra *theopneustos* se deriva de las palabras Dios y *aliento*. La expresión alude a aquello que sale de la boca de Dios, es decir, su Palabra.

Al estudiar la doctrina de la inspiración, descubrimos que es el método utilizado por Dios para hablarnos. Vimos con anterioridad que la revelación natural vino como resultado del aliento de Dios: "por la palabra de Jehová fueron hechos los cielos, y todo el ejército de ellos por el aliento de su boca" (Sal. 33:6). El universo existe porque Dios lo creó con su aliento, al igual que la Biblia existe porque Dios la inspiró. La revelación especial fue dada de la misma manera que la revelación natural: por el aliento de Dios. Todo lo que dicen las Escrituras, lo dijo Dios. En algunas ocasiones la palabra "Escritura" se emplea en lugar de la palabra "Dios", como en Gálatas 3:8: "y la Escritura... dio de antemano la buena nueva a Abraham, diciendo: En ti serán benditas todas las naciones" y en Gálatas 3:22: "mas *la Escritura lo encerró todo* bajo pecado, para que la promesa que es por la fe en Jesucristo fuese dada a los creyentes" (cursivas añadidas). Aquí la Biblia habla y actúa como la voz de Dios.

Encontramos lo mismo en el Antiguo Testamento. En Éxodo leemos que Dios dijo a Faraón: "a la verdad yo te he puesto para mostrar en ti mi poder, y para que mi nombre sea anunciado en toda la tierra" (9:16). Allí es Dios quien habla, pero al referirse Pablo a esta conversación en Romanos 9:17, escribió: "porque *la Escritura dice* a Faraón: Para esto mismo te *he* levantado, para mostrar en ti *mi* poder, y para que *mi* nombre sea anunciado por toda la tierra" (cursivas añadidas). Si las Escrituras hablan, es Dios el que habla, y cada vez que Dios habla, las Escrituras también hablan. En todo sentido, cada vez que usted toma su Biblia y la lee, lo que hace es oír la voz de Dios. ¿No es esto emocionante? Dios es el autor de todo lo registrado en las Escrituras. La Biblia es la Palabra de parte de Dios mismo.

De parte de Él, por medio de ellos, para nosotros

Los escritores de la Biblia, tanto en el Antiguo como en el Nuevo Testamento, fueron comisionados para escribir la revelación de Dios en las palabras de Dios mismo. Isaías tuvo una visión del Señor sentado sobre su trono, y esto fue lo que escribió: "después oí la voz del Señor, que decía: ¿A quién enviaré, y quién irá por nosotros?" (Is. 6:8). Isaías registró las palabras de Dios.

El profeta Jeremías escribió: "vino, pues, palabra de Jehová a mí, diciendo: Antes que te formase en el vientre te conocí, y antes que nacieses te santifiqué, te di por profeta a las naciones" (Jer. 1:4, 5). "Y extendió Jehová su mano y tocó mi boca, y me dijo Jehová: He aquí he puesto mis palabras en tu boca" (v. 9). ¿Cuál habría de ser el resultado? El Señor dijo después al profeta: "he aquí yo pongo mis palabras en tu boca por fuego, y a este pueblo por leña, y los consumirá" (5:14). ¡Qué descripción más vívida!

Ezequiel testificó una y otra vez que aquello que hablaba eran las palabras que Dios le había dado. Dios dijo a su profeta: "y me dijo: Hijo de hombre, toma en tu corazón todas mis palabras que yo te hablaré, y oye con tus oídos. Y vé y entra a los cautivos, a los hijos de tu pueblo, y háblales y diles: Así ha dicho Jehová el Señor" (Ez. 3:10, 11). Así lo hizo Ezequiel.

Pablo escribió a los creyentes en Galacia que Dios era quien le había dado su mensaje: "cuando agradó a Dios, que me apartó desde el vientre de mi madre, y me llamó por su gracia, revelar a su Hijo en mí, para que yo le predicase entre los gentiles, no consulté en seguida con carne y sangre" (Gá. 1:15, 16). Pablo no obtuvo su mensaje de sus hermanos apóstoles, sino que vino a Él por entrega directa de Dios.

Considere a Juan el discípulo. ¿Acaso el libro de Apocalipsis fue un producto de su imaginación? Imposible. "Yo estaba en el Espíritu en el día del Señor, y oí detrás de mí una gran voz como de trompeta, que decía... Escribe en un libro lo que ves, y envíalo a las siete iglesias" (Ap. 1:10, 11).

Todos estos escritores bíblicos, y los demás también, dieron evidencias rotundas de que sus escritos provenían de Dios y eran inspirados por el aliento de Dios mismo. Este es el factor esencial de la inspiración bíblica.

¿Una parte, la mayor parte o en su totalidad?

Se puede plantear ahora la pregunta: ¿qué porcentaje de las Escrituras es inspirado por aliento divino? Volvamos a 2 Timoteo 3:16 para considerar otra palabra hebrea: "*Toda* la Escritura es inspirada por Dios" (cursivas añadidas). La palabra "toda" es *pasa* en griego, y se puede traducir "todos y cada uno". Vemos pues que *todos y cada uno* de los pasajes de la Biblia son Escrituras inspiradas.

Considere esta analogía: todos los patos nadan. ¿Significa esto que los patos del pasado son los únicos que nadan? No. Los patos hacen lo mismo en la actualidad. ¿Qué puede decirse de los patos en el futuro? Los patos del futuro también nadarán igual. En otras palabras, en cualquier período de la historia en que los patos vivan, esos patos nadarán.

Este es el punto: afirmar que la Biblia es inspirada por Dios quiere decir que *toda* la Biblia, sin importar cuándo fue escrita, es inspirada por Dios.

La unidad de las Escrituras como cuerpo de verdad fue enseñada por el Señor Jesús, quien dijo que "la Escritura no puede ser quebrantada" (Jn. 10:35). La Biblia en toda su extensión es pura y auténtica. Ninguna porción puede tratarse como menos que otra. El Señor quiso decir *todo* lo que se había escrito en el pasado, *todo* lo que se escribía en el presente, y *todo* lo que habría de escribirse en el futuro. La Biblia contiene *todos* los escritos santos de Dios.

Existe una tercera palabra griega que necesitamos examinar. Es *graphe*, de la cual obtenemos el término grafito, aquello que se encuentra en la punta de un lápiz. *Graphe* significa "escrito" y esto implica que todo lo que fue escrito en la Biblia por esos hombres de Dios, fue inspirado por Dios. Pablo escribió a Timoteo: "desde la niñez has sabido las Sagradas Escrituras, las cuales te pueden hacer sabio para la salvación por la fe que es en Cristo" (2 Ti. 3:15). Al hablar de "escritos" inspirados, nos referimos a "escritos sagrados" o las "Sagradas Escrituras".

Aquí radica algo que tal vez no reconocemos. ¿Qué es lo inspirado? ¿Los escritores? No, los escritos. Pablo no fue inspirado, sino aquello que él escribió, como la epístola a los creyentes en Roma, fue inspirado. Lo mismo se aplica a las demás epístolas que escribió. Pablo mismo dijo que no fue él sino todas las Sagradas Escrituras lo que ha sido inspirado por Dios.

La Biblia no dice que Moisés haya sido inspirado, ni David, ni Pablo. El mensaje divino es lo que fue inspirado. Por esa razón un hombre podía escribir un mensaje inspirado en cierto período de su vida y ningún otro mensaje el resto de su vida.

A pesar de este hecho obvio, algunas personas en la actualidad quieren prescindir de algunos versículos de las Escrituras. Creen que tienen la autoridad para decidir qué se queda y qué se va. El principio que siguen es algo que llaman el "espíritu de Jesús". Aquello que encuentren en la Biblia que se ajuste al espíritu de Jesús, lo aceptan de mil amores, pero todo lo que no sea conforme al espíritu de Jesús, lo rechazan sin pensarlo dos veces.

Es posible que estas personas lean el Nuevo Testamento y al pasar por el episodio en que Jesús purificó el templo, quieran negar que algo así haya tenido lugar porque según ellos, las Escrituras enseñan que Jesús tenía un espíritu de mansedumbre y amor hacia los demás.

Tienen la idea de un Jesús de carácter débil que es tan manso y amable, que carece de todo sentido de juicio o de justicia. Hacen de Jesús lo que ellos quieren, y sacan de las Escrituras todo lo que no se conforme con su visión fantástica de Jesús.

Ellos ignoran que Jesús dijo: "de cierto os digo que hasta que pasen el cielo y la tierra, ni una jota ni una tilde pasará de la ley, hasta que todo se haya cumplido" (Mt. 5:18). Las palabras griegas se refieren a una parte diminuta del lenguaje escrito, similar en tamaño y función a nuestros signos de puntuación. Ni uno solo de estos signos puede ser quitado y ni siquiera tocado. Esta es una advertencia seria, pero algunos ni se inmutan al arrancar pasajes enteros de las Sagradas Escrituras.

Advertencias en la Palabra

Jesús nos advierte así: "de manera que cualquiera que quebrante uno de estos mandamientos muy pequeños, y así enseñe a los hombres, muy pequeño será llamado en el reino de los cielos" (Mt. 5:19). Dios no quiere que la gente tome a la ligera sus palabras y se atreva a manipularlas.

¿Qué se requiere para cambiar la Palabra de Dios? "Más fácil es que pasen el cielo y la tierra, que se frustre una tilde de la ley" (Lc. 16:17). El universo entero tiene que deshacerse antes de que el componente más diminuto de la Biblia sea alterado. ¡La Palabra de Dios es eterna!

Claro, esto no significa que los hombres se abstengan de manipular y distorsionar el mensaje divino. Jesús dijo a los fariseos que ellos estaban "invalidando la palabra de Dios" con tal de guardar la tradición que les había sido impuesta y a la cual estaban tan apegados (Mr. 7:13). Habían destruido la eficacia de las Escrituras con sus añadiduras al texto y sus interpretaciones torcidas. Con su rechazo de una parte anulaban el valor del todo, porque la Biblia es una unidad que no debe fragmentarse: "la suma de tu palabra es verdad, y eterno es todo juicio de tu justicia" (Sal. 119:160).

Hay otro pasaje importante que también trata este asunto: "entendiendo primero esto, que ninguna profecía de la Escritura es de interpretación privada, porque nunca la profecía fue traída por voluntad humana, sino que los santos hombres de Dios hablaron siendo inspirados por el Espíritu Santo" (2 P. 1:20, 21). Esto tiene que ver con el origen de la revelación divina. Las Escrituras no se fabrican en privado y no salen de la mente de un hombre, sino que fluyen a través de hombres guiados por el Espíritu Santo.

"El problema es que este versículo solo habla sobre profecía", podría señalar alguien.

Es cierto, pero la profecía no solo es predicción. Génesis, Éxodo, Levítico, Números y Deuteronomio también con profecías. Estos libros, llamados el Pentateuco, fueron escritos por Moisés, y Moisés fue un profeta.

En el Pentateuco hay predicciones acerca del Mesías que venía en camino, aunque se trata de un texto histórico. La profecía no se limita a las predicciones futuras, ya que el significado de la palabra profecía es "declaración" o "proclamación". Es una comunicación de parte de Dios, y ninguna comunicación divina vino por voluntad de los hombres sino que los escritores de la Biblia fueron usados por Dios a medida que eran guiados por el Espíritu Santo conforme al propósito divino.

La inspiración es la revelación de Dios que nos es comunicada a través de escritores que utilizaron sus propias mentes y sus propias palabras. Dios había preparado sus vidas, sus pensamientos y su vocabulario de tal manera, que las palabras que escogieron fueron las palabras que Dios había determinado para su uso desde el pasado eterno, a fin de que escribieran su verdad eterna en la trama histórica de la redención.

¡Este es un milagro! Los teólogos lo llaman inspiración verbal plenaria de las Escrituras. Plenario significa total e íntegro. Verbal significa palabra. Inspiración significa que todas las palabras en la Biblia son producto del aliento de Dios, y que no falta ni sobra una sola de ellas.

¿Cuál es el resultado lógico de esa definición? En primer lugar, la Biblia es *infalible* porque todo lo que dice es la verdad. Si Dios la escribió es porque tiene que ser verdadera: "la ley de Jehová es perfecta" (Sal. 19:7).

Ni un solo error

Además de ser perfecta, la Biblia también es *inerrante* en los manuscritos originales. La Biblia no tiene errores. Es cierto que la transcripción y la traducción de la Biblia con el paso de muchas generaciones ha generado algunas variaciones menores en los manuscritos, las cuales son reconocidas por lo general como no sustanciales. Para fines prácticos, podemos ver la totalidad de la Biblia y afirmar sin vacilación: "esta es, tal como lo fue en los idiomas originales, la Palabra de Dios". Así como Dios sostiene el mundo por su poder, también sostiene a la Biblia en un estado de infalibilidad total.

Esto debería servir de advertencia para que nos abstengamos de manipular la Palabra de Dios a nuestro antojo. También leemos: "no añadas a sus palabras, para que no te reprenda, y seas hallado mentiroso" (Pr. 30:6). Siempre que una persona quiere añadir una revelación nueva o alegar que ha recibido una inspiración nueva, cae en la categoría de aquellos que se describen así en Apocalipsis 22:

> Yo testifico a todo aquel que oye las palabras de la profecía de este libro: Si alguno añadiere a estas cosas, Dios traerá sobre él las plagas que están escritas en este libro. Y si alguno quitare de las palabras del libro de esta profecía, Dios quitará su parte del libro de la vida, y de la santa ciudad y de las cosas que están escritas en este libro. (Ap. 22:18, 19)

Nada más se necesita

Además de ser infalible e inerrante, la Biblia también es *completa*. Las Escrituras son todo lo que necesitamos para tener una relación correcta con Dios. No necesitamos una visión, ni una revelación nueva o una voz del cielo. Las Sagradas Escrituras son "la fe que ha sido una vez dada a los santos" (Jud. 3).

Para su autenticación, los libros del Nuevo Testamento tuvieron que ser escritos por un apóstol o alguien cercano a un apóstol. Los apóstoles fueron el fundamento de la iglesia (Ef. 2:20). En el siglo veinte ese fundamento no ha cambiado y por eso no se necesitan más apóstoles. Por esa razón, tampoco existen más revelaciones. En la actualidad disfrutamos la iluminación de las Escrituras por medio del Espíritu Santo y no de alguna inspiración contemporánea.

La Palabra de Dios también tiene *autoridad*. Cada vez que la Biblia habla, más nos vale responder. "Oíd, cielos, y escucha tú, tierra; porque habla Jehová" (Is. 1:2). Esto lo dice todo. Es como si la voz de Dios hubiera quedado grabada en cada página de las Escrituras, por eso nos conviene prestar mucha atención cada vez que la escuchamos.

La Biblia también es *suficiente*. Como la Palabra de Dios es el aliento de Dios, es todo lo que necesitamos para vivir. Volvamos al texto básico: "Toda la Escritura es inspirada por Dios, y útil para enseñar, para redargüir, para corregir, para instruir en justicia, a fin de que el hombre de Dios sea perfecto, enteramente preparado para toda buena obra" (2 Ti. 3:16, 17). ¿Acaso el hombre de Dios necesita algo más que ser "perfecto"? ¿Qué más falta? Al decir que la Biblia es suficiente queremos dar a entender que nada le falta. Pablo escribió que Timoteo había conocido las Sagradas Escrituras desde su niñez, y que ellas pudieron darle la sabiduría que conduce a la salvación por medio de la fe que es en Cristo Jesús (2 Ti. 3:15). La Biblia es todo lo que cualquier persona necesita para hallar salvación y alcanzar la madurez en Cristo.

Si una persona llega algún día a perturbarle con la idea de que usted necesita esta o aquella experiencia mística o espiritual, no lo crea. La intervención del Espíritu de Dios a través de la Palabra de Dios es todo lo que usted necesita para alcanzar madurez plena en Cristo.

Hemos dicho que la Biblia es infalible, inerrante, completa, suficiente y que tiene autoridad plena, pero no hay que olvidar que la Biblia también es *eficaz*. "Porque la palabra de Dios es viva y eficaz, y más cortante que toda espada de dos filos; y penetra hasta partir el alma y el espíritu, las coyunturas y los tuétanos, y discierne los pensamientos y las intenciones del corazón" (He. 4:12). Dios dijo: "así será mi palabra que sale de mi boca; no volverá a mí vacía, sino que hará lo que yo quiero, y será prosperada en aquello para que la envíe" (Is. 55:11), y Pablo dijo a los creyentes en Tesalónica: "nuestro evangelio no llegó a vosotros en palabras solamente, sino también en poder, en el Espíritu Santo y en plena certidumbre, como bien sabéis cuáles fuimos entre vosotros por amor de vosotros" (1 Ts. 1:5). La Palabra de Dios es eficaz, y todos los creyentes han experimentado esto en sus vidas. La Biblia es un libro poderoso que puede desbaratarme, ajustarme y dejarme arreglado otra vez. Si usted junta la Palabra de Dios y el Espíritu de Dios, lo que tiene es pura dinamita espiritual.

Una de las razones por las que sé que Dios escribió la Biblia, es que ella me dice cosas acerca de mí mismo que solo sabemos Él y yo, a una profundidad que antes no entendía. Por medio de la Palabra el Señor me moldea y arregla de nuevo a fin de que yo pueda ser todo lo que Él quiere que yo sea.

Amados, tenemos el deber y la necesidad absoluta de mantenernos fieles y firmes en la Palabra inspirada de Dios. Ella nunca falla, nunca se equivoca, nunca le falta ni le sobra, es perfecta, suficiente, eficaz y tiene autoridad en nuestra vida. A pesar de esto, hay muchas personas que no son fieles a la Palabra, y nuestro Señor les dice por qué: "el que es de Dios, las palabras de Dios oye; por esto no las oís vosotros, porque no sois de Dios" (Jn. 8:47).

Una manera de distinguir entre una persona salva y otra no salva es que la una escucha la Palabra de Dios y la otra no lo hace. ¿Escucha usted la Palabra de Dios? ¿Estudia la Biblia con recursos similares a *La Biblia de estudio MacArthur*? Todo esfuerzo y sacrificio en esa dirección vale la pena, porque la Biblia es la Palabra de Dios para usted.

Capítulo cuatro

¿QUÉ DICE LA BIBLIA ACERCA DE ELLA MISMA?

magine que está en un juzgado en el que se entabla un juicio contra la Biblia. Usted es el abogado defensor. ¿Qué testigos puede llamar para que den testimonio de la veracidad, la autoridad y la infalibilidad de la Biblia?

Creo que yo recurriría por lo menos a tres fuentes diferentes. La primera serían los escritores bíblicos, aquellos instrumentos humanos a través de los cuales fue dada la revelación. Dos de ellos fueron reyes, otros dos fueron sacerdotes. Uno fue médico y dos fueron pescadores. Otros dos fueron pastores, mientras que Pablo fue un fariseo y un teólogo. Daniel fue un hombre de estado y Mateo fue un recolector de impuestos. Josué fue un soldado, Esdras fue un escriba mientras que Nehemías fue copero del rey persa. La lista no termina allí.

Tan pronto empezamos a recibir el testimonio de los cuarenta o más autores que escribieron en el transcurso de más de mil seiscientos años, discernimos cierto aire de infalibilidad común a todos ellos, desde Moisés en el Pentateuco hasta el apóstol Juan en Apocalipsis. Con unas cuantas excepciones, se trataba de hombres sencillos sin educación formal, pero cada uno de estos pescadores, agricultores, pastores y un recolector de impuestos, estaban confiados de haber puesto por escrito la Palabra de Dios.

Esto es impresionante. En más de mil ocasiones en el texto bíblico, de una u otra manera, estos hombres que escribieron la Biblia afirmaron sin rodeos que escribían nada más y nada menos que la Palabra de Dios.

Si me sentara a escribir algo y anunciara que se trata de una revelación especial de Dios, la gente diría: "¿quién se cree usted que es?" En lo personal, yo me sentiría bastante incómodo si me propusiera hacer alguna declaración en el sentido de ser el escritor original de la Palabra de Dios. Ningún escritor de la Biblia tuvo ese problema. Ellos no se sintieron observados ni se esforzaron en agradar a los hombres para convencernos de que en realidad eran los relatores de la Palabra de Dios. Se mantuvieron firmes en el origen divino de su autoridad y no tuvieron interés alguno en el beneplácito de los hombres.

Sin pena ni culpa

Usted no encontrará en la Biblia frases como estas: "amigos míos, tal vez les suene ridículo lo que voy a decir, pero esta es la Palabra de Dios", o: "así les resulte difícil de creer, es verdad que Dios me dio estas palabras".

Recuerde cómo Pedro predicó en Jerusalén y dio mensajes maravillosos sin temor alguno antes de ser obstruido por los del sanedrín. Es irrisorio pensar que él hubiera dicho: "ahora me doy cuenta de que somos galileos ignorantes e incultos. Yo sé que ustedes no nos van a creer, pero traten de entenderme, ¿no creen que nosotros podemos decirles la Palabra de Dios?"

Por supuesto que no. Pedro siempre mantuvo un aire de autoridad en su predicación y de infalibilidad en su testimonio. Por eso declaró con denuedo: "y en ningún otro hay salvación; porque no hay otro nombre bajo el cielo, dado a los hombres, en que podamos ser salvos" (Hch. 4:12).

Todos los escritores de la Biblia redactaron con la misma autoridad. Aunque vivieron en épocas y circunstancias diferentes, tejieron una trama perfecta que nunca se contradice porque es la Palabra de Dios para la humanidad.

Estos escritores tocaron temas variados y distintos. La Biblia incluye historia que puede verificarse, ciencia que es correcta de acuerdo con los hechos y no con muchas teorías humanas. Por ejemplo: "cuelga la tierra sobre nada" (Job 26:7). La Biblia habla acerca de medicina e incluye leyes y regulaciones para mantener la salud. Los médicos pueden verificar en la actualidad que la Biblia tiene información que puede contribuir a una vida saludable. También incluye la enseñanza de principios éticos y sabiduría práctica que es indispensable para llevar una vida bienaventurada.

En ciertos casos los científicos se demoran bastante en verificar por sí mismos lo que la Biblia ha dicho desde un principio. No fue sino hasta el siglo dieciséis que William Harvey descubrió el funcionamiento del sistema circulatorio en el cuerpo humano, mientras que el primer libro de la Biblia ya había declarado que la vida de la carne está en la sangre (Gn. 9:4).

Herbert Spencer, quien murió en 1903, anunció que todas las cosas en el universo pertenecen a una de estas cinco categorías: tiempo, fuerza, acción, espacio y materia. Todo el mundo dijo: "maravilloso". Lo cierto es que Moisés había escrito mucho tiempo atrás el primer versículo de la Biblia: "en el principio [tiempo] creó [acción] Dios [fuerza] los cielos [espacio] y la tierra [materia]" (Gn. 1:1).

Además contamos con las profecías. Por ejemplo, la Biblia predijo que Babilonia, la ciudad más portentosa del mundo antiguo, sería destruida. En aquel tiempo esa declaración fue desdeñada como una ocurrencia irresponsable, como si alguien dijera en la actualidad que los niños de un jardín infantil van a demoler el estadio de fútbol de Maracaná. Sin embargo, Babilonia fue destruida tal como la Biblia dijo. Existen numerosos ejemplos de profecías que se cumplieron en el pasado, y todavía quedan muchas por cumplirse.

Es razonable pensar que la única fuente de esa cantidad de información tan grande es externa a los escritores. Si Dios no escribió la Biblia, ¿quién lo hizo? Los hombres jamás lo habrían podido hacer por cuenta propia.

Su Palabra

¿Cuáles son los alegatos de los escritores bíblicos? Llamemos al estrado a los escritores del Antiguo Testamento para preguntarles. Ellos se refieren a sus escritos como las palabras de Dios unas 3.808 veces. Una vez sería suficiente, pero 3.808 veces es más que suficiente. Esta cantidad de testimonio genera un caso substancial.

De los Salmos 19 y 119, por ejemplo, provienen declaraciones como:

"la ley de Jehová es perfecta" (Sal. 19:7), "espero en tu palabra" (Sal. 119:81), "sumamente pura es tu palabra, (Sal. 119:140), "tu ley [es] la verdad" (Sal. 119:142), "todos tus mandamientos son verdad" (Sal. 119:151), "eterno es todo juicio de tu justicia" (Sal. 119:160), y "hablará mi lengua tus dichos, porque todos tus mandamientos son justicia" (Sal. 119:172).

El profeta Amós testificó: "no hará nada Jehová el Señor, sin que revele su secreto a sus siervos los profetas" (3:7). Dios reveló a sus profetas lo que se proponía hacer, y el testimonio de estos escritores del Antiguo Testamento es que Dios inspiró todas y cada una de las palabras de la Biblia.

¿Qué decir de los escritores del Nuevo Testamento? ¿Creyeron lo mismo que creían los escritores del Antiguo Testamento? Por lo menos 320 citas del Antiguo Testamento se incluyen de manera textual en el Nuevo Testamento. Considere las siguientes palabras de Pablo: "porque las cosas que se escribieron antes, para nuestra enseñanza se escribieron, a fin de que por la paciencia y la consolación de las Escrituras, tengamos esperanza" (Ro. 15:4). Para Pablo el Antiguo Testamento era también Sagradas Escrituras.

Pedro dijo que los hombres santos de Dios escribieron a medida que eran guiados por el Espíritu Santo (2 P. 1:21). Pedro creyó que el Antiguo Testamento fue inspirado por Dios. El escritor de Hebreos dijo que "Dios, [había] hablado muchas veces y de muchas maneras en otro tiempo a los padres por los profetas" (He. 1:1). Este escritor creyó que el Antiguo Testamento también era la Palabra de Dios. Santiago, en un pasaje que describe la autoridad de los escritos del Antiguo Testamento, los llamó "la Escritura" (Stg. 4:5).

El testimonio de Hechos

Existen muchas ilustraciones de la manera como los escritores del Nuevo Testamento se refirieron al Antiguo Testamento e indicaron su creencia firme en que Dios lo escribió. Considere las que se encuentran en el libro de los Hechos.

Pedro dijo en su sermón a la multitud: "varones hermanos, era necesario que se cumpliese la Escritura en que el Espíritu Santo habló antes por boca de David acerca de Judas, que fue guía de los que prendieron a Jesús" (Hch. 1:16). Esta es una declaración concluyente de que el Antiguo Testamento también fue inspirado por el Espíritu Santo. De hecho, Pedro dijo que el Espíritu Santo usó la boca de David para hablar. Esta es la opinión que un escritor del Nuevo Testamento tiene acerca de la inspiración del Antiguo Testamento.

En Hechos 4:25 tenemos otro ejemplo: "por boca de David tu siervo dijiste". Una traducción más precisa sería: "Dios, por medio del Espíritu Santo, quien a su vez usó la boca de su siervo David, ha dicho". Esta es una cita del Antiguo Testamento que no se atribuye solo a David sino al Espíritu Santo. Encontramos de nuevo que los cristianos en la iglesia primitiva creían que los dichos de David eran equivalentes a la Palabra de Dios, en virtud de la inspiración divina.

Estas son apenas dos ilustraciones de Hechos que subrayan el hecho de que los escritores del Nuevo Testamento creían que las palabras de los profetas en el Antiguo Testamento eran de hecho las palabras del Espíritu Santo. También existen muchos otros ejemplos que podríamos citar.

El testimonio del Nuevo Testamento

Hay otra cuestión que nos interesa. ¿Existe algún testimonio de un escritor del Nuevo Testamento en el sentido de que otros escritores del Nuevo Testamento hayan sido inspirados? Un versículo de la primera epístola a Timoteo puede ser el punto de partida de esta investigación tan interesante: "pues la Escritura dice: No pondrás bozal al buey que trilla; y: Digno es el obrero de su salario" (5:18). Leemos la enunciación original de ese principio en Deuteronomio 25:4. Pablo cita ese versículo y lo llama "Escritura", para después afirmar que "digno es el obrero de su salario", que son las palabras del Señor Jesús registradas en Lucas 10:7. En un versículo Pablo dice que tanto el Antiguo como el Nuevo Testamento son Escritura, así que en este caso un escritor del Nuevo Testamento corrobora el carácter sagrado e inspirado del Nuevo Testamento.

La segunda epístola universal de Pedro también suministra respaldo a ese testimonio:

> Y tened entendido que la paciencia de nuestro Señor es para salvación; como también nuestro amado hermano Pablo, según la sabiduría que le ha sido dada, os ha escrito, casi en todas sus epístolas, hablando en ellas de estas cosas; entre las cuales hay algunas difíciles de entender, las cuales los indoctos e inconstantes tuercen, como también las otras Escrituras, para su propia perdición. (2 P. 3:15, 16)

Pedro dijo, en efecto: "lo mismo que Pablo les dijo, yo les digo ahora". Con esto, el apóstol Pedro declaró que todas las epístolas de Pablo son Escrituras y hacen lo mismo que "las otras Escrituras": instruirnos en los caminos de Dios. Lo que Pablo escribió era Palabra de Dios tanto como el Antiguo Testamento. Esta es una de las declaraciones más importantes acerca de la inspiración del Nuevo Testamento porque se aplica a Romanos, 1 y 2 Corintios, Gálatas, Efesios, Filipenses, Colosenses, 1 y 2 Tesalonicenses, 1 y 2 Timoteo, Tito y Filemón.

¿Se puede decir lo mismo de Juan y el libro de Apocalipsis? Al principio de cada mensaje a las siete iglesias, Juan dio testimonio del origen de esas palabras con la frase "dice esto", que se refiere al Señor Jesucristo (Ap. 2:1). El apóstol también escribió: "el que tiene oído, oiga lo que el Espíritu dice a las iglesias" (Ap. 2:7). Juan afirmó sin ambages que todo el Apocalipsis provenía de Jesucristo a través de él y que todo el texto es un mensaje vital del Espíritu Santo. En todo el libro de Apocalipsis, Juan incluyó expresiones de autoridad divina como: "estas son palabras verdaderas de Dios" (Ap. 19:9) y "estas palabras son fieles y verdaderas" (Ap. 21:5).

De esta manera queda establecido el hecho de que los evangelios, las epístolas y el libro de Apocalipsis fueron inspirados por Dios. El testimonio de los escritores del Nuevo Testamento fue que habían sido usados por Dios para escribir su Palabra perfecta.

El testimonio de Jesús

Además del testimonio de los escritores mismos, tenemos otro testigo definitivo: el Señor Jesucristo. Él dijo muchas cosas vitales acerca de las Escrituras. Declaró que Él mismo era el tema de toda la Biblia. Jesús dijo a los líderes judíos: "escudriñad las Escrituras; porque a vosotros os parece que en ellas tenéis la vida eterna; y ellas son las que dan testimonio de mí" (Jn. 5:39).

Cristo no solo enseñó que Él es el tema de todas las Escrituras, sino que también dijo que Él vino a cumplir toda Escritura: "no penséis que he venido para abrogar la ley o los profetas; no he venido para abrogar, sino para cumplir" (Mt. 5:17). Él anticipó su propia crucifixión y dijo: "a la verdad el Hijo del Hombre va, según está escrito de él" (Mt. 26:24). También dijo a Pedro que no necesitaba la protección de su espada, porque si Él lo deseara podría llamar un millar de ángeles que le ayudasen, "¿pero cómo entonces se cumplirían las Escrituras, de que es necesario que así se haga?" (Mt. 26:54). Jesús vino a cumplir las Escrituras, y Él sabía que en ellas estaba señalado el propósito de su vida y de su muerte, por lo cual cada detalle tuvo que hacerse realidad al pie de la letra.

En una declaración vehemente acerca de la Biblia, Jesús dijo: "la Escritura no puede ser quebrantada" (Jn. 10:35). Quiso dar a entender que todo lo dicho por Dios era verdad y todo lo profetizado en las Escrituras tendría lugar. Incluso comparó la duración de las Escrituras con la duración del universo, pues dijo "más fácil es que pasen el cielo y la tierra, que se frustre una tilde de la ley" (Lc. 16:17), y garantizó que "se cumplirán todas las cosas escritas por los profetas acerca del Hijo del Hombre" (Lc. 18:31).

La opinión de Jesús sobre las Escrituras es que se trataba de la Palabra de Dios y que todo lo escrito en ella habría de suceder. De hecho, Él llamó la atención sobre ciertas palabras y frases individuales.

David predijo que cuando el Mesías muriera en la cruz, Él exclamaría: "Dios mío, Dios mío, ¿por qué me has desamparado?" (Sal. 22:1). Justo antes de morir en la cruz, Jesús clamó a gran voz: "Dios mío, Dios mío, ¿por qué me has desamparado?" (Mt. 27:46). El Salmo

22 también predijo que el Salvador sentiría sed en su sufrimiento, y Jesús desde la cruz, como sabía que "ya todo estaba consumado, dijo, para que la Escritura se cumpliese: Tengo sed" (Jn. 19:28).

Jesús creía en todas y cada una de las palabras del Antiguo Testamento. Él corroboró las grandes verdades del Antiguo Testamento. Por ejemplo, Él confirmó la creación de Adán y Eva tal como la describe Génesis: "¿no habéis leído que el que los hizo al principio, varón y hembra los hizo, y dijo: Por esto el hombre dejará padre y madre, y se unirá a su mujer, y los dos serán una sola carne?" (Mt. 19:4, 5). Jesús también creyó que Dios creó el universo tal como lo describe Moisés.

Jesús ratificó muchos otros hechos incluidos en el libro de Génesis, tales como la destrucción de Sodoma y Gomorra y la transformación de la esposa de Lot en una estatua de sal. En Marcos 12 leemos que Él revalidó el llamado de Moisés, y en Juan 6 habló acerca del maná celestial. También se refirió a la serpiente de bronce que fue levantada en el desierto para la sanidad de Israel (Jn. 3). Una y otra vez, Jesús confirmó la autoridad del registro histórico y teológico del Antiguo Testamento.

Jesús también estableció la suficiencia de las Escrituras para salvar a los hombres. En el relato del hombre rico y Lázaro, el Señor citó a Abraham desde la dimensión del paraíso como diciendo: "a Moisés y a los profetas tienen; óiganlos" (Lc. 16:29). Con esto quiso dar a entender que no era necesario resucitar a Lázaro de entre los muertos para que los hermanos del hombre rico creyeran y fueran salvos. El testimonio de los profetas era suficiente para llevarles al conocimiento de la verdad.

Jesús también habló de la capacidad de las Escrituras para librarnos del error, al referirse a aquellos que estaban muy equivocados porque ignoraban las Escrituras y el poder de Dios (Mr. 12:24, 27).

Hay una estadística muy interesante acerca del empleo que hizo el Señor Jesús de las Escrituras del Antiguo Testamento. De los mil ochocientos versículos en el Nuevo Testamento que incluyen citas de Jesús, ciento ochenta, es decir, la décima parte, provienen de su propia lectura del Antiguo Testamento. Aquel quien es la verdad y la Palabra misma, creyó y se sometió sin reservas a los escritos inspirados del

Antiguo Testamento. Si Jesús lo hizo, yo estoy también dispuesto a hacerlo siempre. Si Jesús creyó en las Escrituras del Antiguo Testamento, yo también creo en ellas.

El testimonio definitivo

Hemos considerado el testimonio de los escritores de la Biblia y el testimonio de Jesús. También debemos llamar al Espíritu Santo como testigo. La creencia en que la Biblia es la Palabra inspirada de Dios no es el resultado de una decisión intelectual, sino más bien de la obra del Espíritu Santo en la vida de una persona. Un individuo no creerá en la Biblia hasta que el Espíritu Santo haga su obra de convicción en esa persona.

Sometamos este argumento a análisis. Nosotros creemos que la Biblia es verdadera porque la Biblia dice que es verdadera. "Ese es un razonamiento circular", sería la objeción de alguno y es un punto válido. Si una persona no cree en la Biblia, no va a creer en la Biblia si ella dice que es la Palabra de Dios. Por otra parte, si una persona acepta la Biblia como la Palabra de Dios, es porque la obra del Espíritu Santo en su vida le hizo entender y aceptar esa verdad.

La gente incrédula no es estúpida al punto de ser incapaz de entender la verdad, pero sí es hostil porque se rehúsa a aceptar la verdad. Los pecadores no quieren incluir a Dios en su conocimiento, así que consideran necedad y locura la predicación de la cruz (1 Co. 1:21). El hombre natural (no regenerado) no recibe las cosas de Dios (1 Co. 2:14). Para que su mente anormal y depravada reciba la verdad de Dios, es necesario que el Espíritu Santo obre en su vida.

Por lo tanto, es imposible hacer que alguien crea en la Biblia por medio de argumentos o de la predicación por sí sola. Todos los seres humanos dependen de la obra interna del Espíritu, pero el Espíritu no puede producir creencia y fe en la Palabra de Dios hasta que una persona haya oído la Palabra de Dios. Pablo preguntó: "¿cómo, pues, invocarán a aquel en el cual no han creído? ¿Y cómo creerán en aquel de quien no han oído? ¿Y cómo oirán sin haber quién les predique?" (Ro. 10:14).

Es tiempo para decidir

Aquí queda resuelto nuestro caso. Hemos examinado los testimonios de los escritores del Antiguo Testamento y del Nuevo Testamento, del Señor Jesucristo y del Espíritu Santo. Todos ellos defienden la inspiración de la Biblia. El caso es bastante sólido y el único veredicto posible es que las Escrituras son en efecto la Palabra inspirada de Dios.

¿Cuál debería ser nuestra respuesta a este hecho? Debemos poner en práctica Colosenses 3:16: "la palabra de Cristo more en abundancia en vosotros". Nuestra mente debería ser una tabla en la que Dios pueda escribir su Palabra. Debemos leerla y estudiarla con los recursos útiles que tenemos a nuestra disposición como *La Biblia de estudio MacArthur* y otros comentarios bíblicos. Además, debemos obedecerla y aplicar todas sus enseñanzas a nuestra vida. Una vez lo hayamos hecho así, debemos también comunicarla a otros para su propia edificación espiritual.

Se ha calculado que en el transcurso de su vida, el ciudadano promedio consumirá ciento cincuenta vacas, dos mil cuatrocientos pollos, doscientos veinticinco corderos, veintiséis ovejas, trescientos diez cerdos, diez hectáreas de grano y veinte hectáreas de frutas y vegetales. ¡Ese es un montón de comida!

¿Cuánta Palabra de Dios consume usted a diario? Un panfleto en la cartelera de anuncios de una iglesia en Quincy, Massachusetts, tenía este mensaje: "una Biblia que está maltrecha y acabada por el uso, casi siempre pertenece a una persona que no está en esa condición".

La Biblia es un tesoro de valor incalculable. ¿Cuánto la valora usted?

Capítulo cinco

¿QUÉ TAN IMPORTANTE ES LA BIBLIA?

Cuán importante es la Biblia para mí? Existen varias maneras de responder esa pregunta. Algunos dicen: "¿la Biblia? Un libro como cualquier otro. Tiene unos cuantos dichos sabios y una que otra moraleja, mezclados con una cantidad de genealogías, mitos y visiones fantásticas".

Un segundo grupo dice algo parecido a esto: "por supuesto, yo sé que la Biblia es importante, por lo menos eso piensa mi pastor. Todo el tiempo lee citas de la Biblia y la abre a la vista de todos, pero yo no la leo mucho porque no la entiendo muy bien".

No obstante, también existe un tercer grupo que se identificaría con Sir Walter Scott, un famoso novelista y poeta británico que también fue un cristiano comprometido. Según se cuenta, Scott en su lecho de muerte dijo a su secretario: "tráeme el libro". Su secretario pensó en los miles de libros que su patrón tenía en su biblioteca personal y preguntó: "Doctor Scott, ¿cuál libro quiere?" "El libro", contestó Scott. "La Biblia, ¡el único libro para un hombre moribundo!"

Además, el cristiano comprometido tendría que añadir que la Biblia no solo es el único libro para un moribundo, sino que también es el único libro para todo aquel que viva, porque es la Palabra de Dios.

¿En cuál de estas tres categorías se encuentra usted? Es obvio que el primer grupo representa la respuesta típica del mundo secular que no conoce a Cristo y solo acepta lo que le parece que se ajusta a su sabiduría mundana. Para ellos, la Biblia tiene poca importancia y menos autoridad.

El segundo grupo incluye a muchos miembros de iglesia e incluso a muchos cristianos. Ellos saben que la Biblia es importante y que debería tener prioridad y autoridad en sus vidas, pero en realidad no la aplican ni la aprovechan. Ignoran por completo sus enseñanzas o dependen de las explicaciones de pastores, maestros o conferencistas porque ellos mismos ni siquiera abren la Biblia por iniciativa propia. No aplican lo que enseñan las Escrituras y la Biblia es para ellos un libro misterioso con reglas un poco confusas, el cual deben tomar cada mañana antes del desayuno como si fuera un remedio desagradable pero necesario. El tercer grupo ve la Biblia de manera muy diferente. Para ellos las Escrituras están vivas y a cada momento salen disparadas de sus páginas verdades nuevas y emocionantes. Este grupo no vive solo de pan, "sino de toda palabra que sale de la boca de Dios" (Mt. 4:4).

Bueno, es posible que usted piense que no cuadra en alguna de estas tres categorías, pero si es como la mayoría de los cristianos, se encuentra en algún lugar entre el grupo 2 y el grupo 3. Usted quiere que la Biblia ocupe un lugar más importante en su vida y por eso mismo lee libros como el que tiene en sus manos. Usted quiere someterse a la autoridad de las Escrituras pero los afanes de la vida restan prioridad a su estudio de la Biblia. Además, por todas partes se siente tentado o intimidado a olvidar las enseñanzas de la Palabra de Dios.

Por ejemplo, usted ve un programa de opinión en la televisión y escucha las declaraciones oficiales de algún personaje que dice: "yo pienso que todos deberían hacer lo suyo, vivir su propia vida y tener su propia fe". En ese momento los asistentes al programa aplauden emocionados y usted se pregunta si en realidad es una buena idea creer que usted, un cristiano nacido de nuevo y miembro de una iglesia, tenga todas las respuestas entre las tapas de un libro tan antiguo y al parecer "anticuado".

Si dejamos que el sistema de valores del mundo nos intimide, olvidamos una verdad básica. En un mundo en el que reina la mentalidad relativa que carece de absolutos, la Biblia se sostiene como la única autoridad absoluta para el cristiano. Las Escrituras son la Palabra de Dios, no las opiniones, las ideas o la filosofía de alguien por ahí. Ni siquiera es una compilación de los mejores pensamientos de los mejores pensadores. La Biblia es la Palabra de Dios, y esto significa que tiene varias características y cualidades que deberían darle importancia extraordinaria en nuestra vida.

La Palabra de Dios es infalible

Algunas declaraciones de fe publicadas por iglesias o algunas organizaciones cristianas dicen: "la Biblia es la Palabra de Dios, la regla infalible de fe y práctica". Esa es una buena declaración, pero yo prefiero una más contundente que dice: "la Biblia es la Palabra infalible de Dios, la única regla para la fe y la conducta". Existe una diferencia real que depende de la ubicación de la palabra *infalible* en esas declaraciones. La segunda declaración dice sin lugar a equivocaciones que la Biblia *en su totalidad* carece de errores, que los manuscritos originales y las primeras copias eran idénticos y no tenían un solo error. Los amanuenses y otros copistas han hecho errores leves en el transcurso de los siglos, pero ninguno es tan serio como para poner en duda la infalibilidad de la Biblia. La Biblia dice esto acerca de ella misma: "la ley de Jehová es perfecta" (Sal. 19:7). La Biblia es perfecta porque su autor (o inspirador) es perfecto. Ya expuse en detalle la inspiración de las Escrituras, pero aquí debemos pensar en esto: si Dios es nuestra autoridad máxima y su carácter es perfecto, y si Él inspiró a los escritores de la Biblia para que consignaran sus pensamientos divinos sin quitarles la libertad de su expresión personal, la Biblia también es perfecta y constituye la fuente máxima de autoridad sobre nuestra vida, es decir, nuestra única regla para la fe y la conducta.

En otras palabras, si creemos que Dios es perfecto se debe concluir que las copias originales de las Escrituras también tuvieron que ser perfectas. ¿Es la Biblia infalible? Tiene que serlo, porque es el único libro que jamás comete un error.

La Palabra de Dios es inerrante

La Biblia no solo es infalible en su totalidad sino que también carece de errores en toda su extensión. El escritor de Proverbios lo dice bien: "toda palabra de Dios es limpia; el es escudo a los que en él esperan" (Pr. 30:5).

La inerrancia y la infalibilidad van de la mano en lo que respecta a las Escrituras. De acuerdo con los escritores de la declaración de

Chicago sobre inerrancia bíblica, los términos negativos infalible e inerrante "tienen valor especial, porque son salvaguardas explícitos de verdades positivas cruciales". La declaración de Chicago, cuyo borrador se elaboró en una reunión general en octubre de 1978 por el Concilio Internacional de la Inerrancia Bíblica con el fin de afirmar la autoridad de las Escrituras, dice además:

> *Infalible* es un término que alude a la cualidad de no conducir al error ni provenir del error, por lo tanto se aplica a las Escrituras ya que salvaguarda la verdad en términos categóricos y establece que las Sagradas Escrituras constituyen la regla segura, cierta y confiable para guiarnos en todos los asuntos.
>
> *Inerrante*, de manera similar, alude a la cualidad de estar libre de toda falsedad o error, en consecuencia se aplica a la verdad de las Escrituras para salvaguardar el hecho de que ellas son verdaderas y dignas de confianza en todas sus afirmaciones y enseñanzas.[1]

Como lo implican las dos definiciones anteriores, la palabra *veracidad* es conveniente para describir las cualidades de infalibilidad e inerrancia. En Isaías 65:16 el Señor se llama a sí mismo "el Dios de verdad". En Jeremías 10:10 el profeta escribe que "Jehová es el Dios verdadero", y el Nuevo Testamento está de acuerdo con el Antiguo en llamar a Dios un Dios de verdad. Estos son algunos ejemplos de esas declaraciones: "Dios es veraz" (Jn. 3:33), "el único Dios verdadero" (Jn. 17:3), "el verdadero Dios" (1 (Jn. 5:20).

Para asegurar que no perdamos de vista la importancia de la veracidad de Dios, la Biblia recalca en tres ocasiones que Dios no puede mentir (véase Nm. 23:19; Tit. 1:2; He. 6:18).

A algunos críticos de las Escrituras les encanta decir que la "veracidad" bíblica es un asunto discutible porque la Biblia contiene términos que no son precisos ni correctos en sentido científico o gramatical, además que ciertos pasajes parecen contradecirse entre sí. Los escritores de la declaración de Chicago repelen estas críticas con firmeza:

Para determinar lo que asevera el escritor enseñado por Dios en cada pasaje, debemos prestar la atención más cuidadosa a sus elementos que la caracterizan como una producción humana. En la inspiración, Dios utilizó la cultura y las convenciones propias de cada escritor, y esta fue una mezcla que Dios controló en su providencia soberana. Cualquier suposición en sentido contrario lleva sin excepción a interpretaciones incorrectas.

Por esta razón, la historia debe tratarse como historia, la poesía como poesía, las hipérboles y las metáforas como tales, al igual que la generalización y la aproximación, etc. Existen ciertas diferencias entre las convenciones literarias de tiempos bíblicos y las de nuestros tiempos, que deben ser observadas... la narración no cronológica y las referencias y citas imprecisas eran prácticas convencionales y aceptables que no violaban el rigor literario en aquellos días... las Escrituras carecen de error, no en el sentido de que posean una precisión absoluta conforme a parámetros modernos, sino en el sentido de que cumplen todo lo que afirman y satisfacen los criterios de verdad conforme al enfoque divino de los escritores inspirados.[2]

En una lista de "veinte artículos de afirmación y negación", la declaración de Chicago confirma además la necesidad de entender la manera como Dios inspiró a ciertos hombres para escribir las Escrituras en ocasiones determinadas y bajo circunstancias determinadas. El artículo trece dice: "nosotros afirmamos que es apropiado emplear la palabra 'inerrancia' como un término teológico que se refiere a la veracidad completa de las Escrituras".[3]

En toda la Biblia se encuentran testimonios que respaldan la veracidad de Dios, y si no aceptamos y creemos ese testimonio vamos a terminar como parte del segundo grupo de receptores, quienes saben que se supone que la Biblia es importante pero siguen apáticos frente a lo que dice. De hecho, esta apatía puede conducir a la desesperación total. Un joven que me visitó en mi oficina dijo: "mi vida cristiana es un caos, todas mis creencias se van a derrumbar. No puedo estudiar la Biblia porque tengo todas estas dudas".

Yo le escuché unos veinte minutos.

—Puedo decirle ahora mismo cuál es su problema –le respondí luego–, ya que es bastante obvio.

—¿Cuál es? –dijo ansioso.

—Usted no cree en la inerrancia absoluta de las Escrituras –le contesté–. Si usted cree que existen errores en la Palabra de Dios, va a confundirse y no sabrá qué creer. Ese es su problema.

—¿Sabe qué? –dijo él–. Tiene toda la razón. Yo no creo en la inerrancia absoluta de las Escrituras.

—Si ese es el caso, amigo mío –respondí–, ¿cómo puede usted esperar que sea un estudiante eficaz de la Palabra de Dios o que pueda llegar a vivir como un cristiano victorioso?

¿Es la Biblia inerrante? Tiene que serlo porque la Biblia es la Palabra de Dios y Dios es un Dios de verdad.

La Palabra de Dios tiene autoridad

Si la Biblia es infalible e inerrante, es porque debe ser la última palabra y el parámetro supremo de autoridad. Los escritores del Antiguo Testamento hicieron más de dos mil afirmaciones directas según las cuales ellos dijeron y escribieron palabras provenientes de Dios mismo. Una y otra vez empezaban sus intervenciones con frases como: "el Espíritu de Jehová ha hablado por mí" (2 S. 23:2) o "vino palabra de Dios [al profeta]" (1 Cr. 17:3). Por ejemplo, Isaías empieza su profecía con esta declaración: "oíd, cielos, y escucha tú, tierra; porque habla Jehová" (Is. 1:2). Siempre que Dios habla todos deben escuchar, porque Él es la autoridad definitiva.

En el Nuevo Testamento encontramos más afirmaciones en ese sentido, sobre todo en las enseñanzas de Jesús. Al hablar sobre la Palabra de Dios en el Sermón del Monte, Jesús dijo: "no penséis que he venido para abrogar la ley o los profetas; no he venido para abrogar, sino para cumplir. Porque de cierto os digo que hasta que pasen el cielo y la tierra, ni una jota ni una tilde pasará de la ley, hasta que todo se haya cumplido" (Mt. 5:17, 18).

Santiago confirma que hasta la más pequeña porción de la Palabra de Dios tiene autoridad: "porque cualquiera que guardare toda la ley, pero ofendiere en un punto, se hace culpable de todos" (Stg. 2:10). Toda la Palabra de Dios tiene autoridad.

Si bien la Biblia afirma tener autoridad completa sobre nuestra vida, muchas personas no reconocen siempre esa autoridad. La manera de pensar actual, con su creencia en que "toda verdad es relativa", quita a la Biblia de su pedestal y la pone en el estante como "cualquier otro libro".

En un artículo escrito para la revista *Eternidad*, D. Martyn Lloyd-Jones escribió palabras cruciales para la iglesia de la década de los cincuenta que se aplican muy bien a la iglesia en la actualidad. Lloyd-Jones señala que el ataque contra la autoridad de las Escrituras empezó a mediados del siglo dieciocho, cuando los académicos empezaron a juzgar las Escrituras desde el punto de vista de la "alta crítica". En esa época se dio gran importancia a las suposiciones naturalistas, el conocimiento y el razonamiento humano así como a los nuevos descubrimientos científicos, con el fin de someter la Biblia a un análisis minucioso y así "obtener su verdad real". Todo esto se desarrolló bajo el movimiento que conocemos como liberalismo, el cual dominó entre los siglos dieciocho y diecinueve. El liberalismo supuso que la Biblia estaba llena de errores porque era una obra humana que no tenía más autoridad que las obras de Shakespeare o las de Henry Wadsworth Longfellow.

A principios del siglo veinte se dio inicio a un nuevo movimiento. Los pensadores de la nueva ortodoxia trataron de restaurar en parte la autoridad de la Biblia con la ratificación de la pecaminosidad humana y la afirmación de que así la Biblia no pueda considerarse como la Palabra de Dios, debe admitirse que "contiene la Palabra de Dios". Como Lloyd-Jones lo describe, "nos han dicho que la Biblia es en parte la Palabra de Dios y en parte la palabra del hombre. En parte tiene gran autoridad y en parte no la tiene".[4]

Lloyd-Jones prosigue a señalar que esta postura de "en parte la Palabra de Dios y en parte la palabra del hombre", conduce a una visión de la Biblia que la mantiene en alta estima y al mismo tiempo entiende otras partes de la Biblia como llenas de errores y "sin valor ni utilidad en lo más mínimo".[5]

Al llegar a este punto, observa Lloyd-Jones, nos vemos enfrentados a una pregunta básica:

> ¿Quién decide qué es verdadero? ¿Quién decide qué tiene valor? ¿Cómo puede uno discriminar y diferenciar entre los grandes hechos que son verdaderos y aquellos que no lo son? ¿Cómo se diferencia entre hechos y enseñanza? ¿Cómo podemos separar el mensaje esencial de la Biblia del trasfondo en el cual es presentado? ... La Biblia entera se presenta y se ofrece a nosotros de la misma manera en toda su extensión. En ella no existe indicio alguno ni sospecha de que algunas partes sean importantes mientras que otras no lo sean. Toda la Biblia llega a nuestra mente de la misma forma.[6]

El liberalismo y la nueva ortodoxia todavía están activos en la actualidad en todas sus modalidades. Como escribió Lloyd-Jones en 1957:

> La postura moderna atribuye al hombre las razones para decidir la validez y la relevancia de las Escrituras. Usted y yo nos acercamos a la Biblia y tomamos nuestra propia decisión con base en ciertos parámetros que están en nuestra mente. Decidimos que esta parte se conforma al mensaje que creemos mientras que aquella no sirve. Quedamos en la misma posición, así se hable mucho de una situación nueva en la actualidad, en la que el conocimiento del hombre y el entendimiento del hombre son el árbitro final y el jurado que determina la suerte de la revelación divina.[7]

Lo cierto es que desde ministros y seminaristas hasta los laicos y los nuevos creyentes, todos nosotros podemos vernos envueltos en las dudas y el escepticismo de nuestro tiempo. Aun los grandes líderes cristianos saben lo que significa luchar con esto. Algunos han luchado y han perdido, otros han luchado y han ganado la batalla por su preciosa fe.

Antes de emprender su carrera evangelística, Billy Graham luchó con ciertas dudas acerca de las Escrituras. Al hacer remembranza de aquellos días, él escribió:

> Yo creo que no es posible entender todo lo que dice la Biblia desde un punto de vista intelectual. Cierto día años atrás, yo decidió aceptar las Escrituras por fe. Había ciertos problemas que no podía razonar del todo, pero al aceptar por fe la Biblia como la Palabra de Dios con plena autoridad sobre mi vida, descubrí de inmediato que se convirtió en mi mano como una llama de fuego. Esa llama empezó a derretir la incredulidad en los corazones de muchas personas y a moverles a decidirse por Cristo.
>
> La Palabra se convirtió en un martillo que quebrantaba corazones de piedra y moldeaba a los hombres para hacerles semejantes a su Dios. Ahora entiendo por qué dice Dios: "yo pongo mis palabras en tu boca por fuego" (Jer. 5:14); y también: "¿no es mi palabra como fuego, dice Jehová, y como martillo que quebranta la piedra?" (Jer. 23:29).
>
> Descubrí que podía utilizar un bosquejo sencillo, después incluir algunas citas de las Escrituras bajo cada punto, y que Dios usaba esa herramienta humilde con gran poder para hacer que los hombres hicieran compromisos firmes con Cristo. Descubrí que no necesitaba confiar en la astucia, la oratoria, la manipulación psicológica, las ilustraciones y las anécdotas llamativas, ni las citas ilustres de hombres famosos. Empecé a confiar cada vez más en las Escrituras mismas y Dios bendijo mi ministerio en gran manera. Por mis viajes y mi experiencia he llegado a convencerme de que la gente en todo el mundo está hambrienta de escuchar la Palabra de Dios.[8]

¿Tiene autoridad la Biblia? ¿Necesita de alguien que la defienda? El gran predicador Carlos Spurgeon lo dijo muy bien: "no es necesario defender a un león mientras es atacado. Todo lo que se tiene que hacer es abrir la jaula y permitir que salga".

La Palabra de Dios es eficaz

Una de las razones más poderosas de la infalibilidad, la inerrancia y la autoridad de la Biblia es su eficacia. El profeta Isaías describió muy bien la capacidad de las Escrituras para obtener resultados:

> Porque como desciende de los cielos la lluvia y la nieve, y no vuelve allá, sino que riega la tierra, y la hace germinar y producir, y da semilla al que siembra, y pan al que come, así será mi palabra que sale de mi boca; no volverá a mí vacía, sino que hará lo que yo quiero, y será prosperada en aquello para que la envié. (Is. 55:10-11)

Una de las ventajas más grandes de ser un predicador y maestro de la Palabra de Dios es que uno sabe que ella hace lo que dice que hará. Uno no tiene que preocuparse sobre qué va a decir en caso de que el producto no le funcione.

Se cuenta la historia de la dama que vivía en el campo y el vendedor de aspiradoras que pasó por su casa. El vendedor trató de presionarla por medio de su discurso memorizado acerca de las ventajas del producto.

"Señora, tengo el producto más grandioso que usted haya visto en su vida. Esta aspiradora y limpiadora recoge todo el mugre de su casa, tanto así que si no la controlo va a empezar a devorar todo lo que usted tenga en el piso", dijo el vendedor.

Antes de que la mujer pudiera responder, el hombre le dijo: "Señora, quiero darle una pequeña demostración".

El vendedor fue al fogón, recolectó unos cuantos puñados de ceniza y los arrojó en medio de la sala, sobre la alfombra. Luego sacó una bolsa de su propio maletín y arrojo más mugre. Mientras el hombre dejaba bastante sucia la alfombra, dijo: "Señora, quiero que usted observe con atención cómo funciona este producto. Le garantizo que la aspiradora recogerá hasta el último grano de todo lo que he colocado sobre su alfombra".

La mujer quedó espantada y sin poder hablar, mientras el vendedor le decía entusiasmado: "Señora, si mi máquina no succiona todo lo que hay en su alfombra, le prometo que yo mismo me lo voy a comer con una cuchara".

La mujer miró estupefacta al vendedor y por fin musitó las palabras: "Mire señor, le va a tocar limpiar mi sala como pueda porque aquí no tenemos electricidad".

Es difícil estar en una situación en la que el producto que usted ofrece no funciona. Esto nunca sucede con la Biblia. La Palabra de Dios siempre es eficaz y siempre hace con exactitud lo que dice que hará. El apóstol Pablo se refirió a esta gran eficacia de las Escrituras cuando dijo: "nuestro evangelio no llegó a vosotros en palabras solamente, sino también en poder, en el Espíritu Santo y en plena certidumbre, como bien sabéis cuáles fuimos entre vosotros por amor de vosotros" (1 Ts. 1:5). Siempre que la Palabra sale, va con poder porque siempre está acompañada del Espíritu Santo, y por eso tenemos la seguridad de que la Palabra de Dios hará todo lo que dice.

En resumen

¿Qué hemos dicho hasta ahora? La Palabra de Dios es infalible en su totalidad y es inerrante en todas sus partes. La Palabra de Dios tiene autoridad y demanda nuestra obediencia. Una y otra vez vemos demostradas la infalibilidad, la inerrancia y la autoridad de la Biblia, porque la Biblia siempre es eficaz. La Biblia hace lo que dice que hace.

Todo lo que hemos dicho hasta ahora es bueno si y solo si contamos con algo adicional: la presencia del Espíritu Santo. La necesidad de esta dimensión adicional tan importante queda bien ilustrada con la conversación que sostuve con cierto hombre durante un vuelo. A medida que hablábamos, este hombre admitió en repetidas ocasiones que no entendía la Biblia. Yo no se lo dije en muchas palabras pero sí sugerí cuál era la razón por la que yo no esperaba que él entendiera la

Biblia. Este hombre no tenía la única cosa que necesitaba: la vida de Dios en su alma, la presencia del Espíritu Santo.

Sin el Espíritu Santo la Biblia es "un libro más" en nuestra biblioteca. Si tenemos al Espíritu Santo, quien obra en nuestro corazón, la Biblia será para nosotros *el Libro* por excelencia y la autoridad de Dios en nuestra vida diaria. Veremos por qué es así en el siguiente capítulo.

Capítulo seis

¿QUIÉN PUEDE PROBAR QUE LA BIBLIA ES VERDADERA?

hora bien, ¿cómo puedo saber que es verdadera? Esa pregunta es uno de los gritos de batalla de nuestra generación, a la cual también le gusta preguntar: "¿quién dice que tengo que hacerlo?" Sobra decir que hoy día vivimos en un mundo que no responde muy bien al ejercicio de la autoridad. De hecho, existen expresiones de rebeldía contra la autoridad en casi toda la cultura actual. Si lo duda, pregunte a la policía. Pregunte a maestros, entrenadores y congresistas. Pregunte a empleadores, la corte suprema y el presidente.

En lo profundo del alma de cada persona hay una tendencia impetuosa hacia el individualismo que empieza en el vientre materno y que se hace evidente desde la cuna. Todos queremos ser el dios de nuestro pequeño universo. Queremos ser capitanes de nuestra alma y amos de nuestro destino. Lo cierto es que no respondemos muy bien a la autoridad, en absoluto.

¿Es de sorprenderse que la gente cuestione la autoridad de la Biblia? Como ministro puedo decir: "la Biblia es la autoridad absoluta para todos. Es infalible, inerrante, eficaz y tiene autoridad absoluta. Es la última palabra acerca de cómo deberíamos vivir todos".

La respuesta típica, tanto de cristianos como de no cristianos, es: "¿Cómo puedo *saber* eso? No voy a aceptar lo que usted diga a no ser que *me muestre evidencias*".

En otras palabras, todos quieren pruebas, y en lo que respecta a la autoridad de las Escrituras, muchas personas son como Tomás y necesitan "ver para creer". ¿Qué puede decir usted si alguien le pide que demuestre que la Biblia es verdadera?

Cuatro maneras de probar la Biblia

Si quisiera jugar un juego llamado "pruébame que la Biblia es verdad", empezaría primero con unas palabras acerca de *mi experiencia personal*. Creo que la Biblia es verdadera porque me da la experiencia que afirma que yo tendré. Por ejemplo, la Biblia dice que Dios perdonará mis pecados. Yo lo creo y he aceptado el perdón de Dios. ¿Cómo sé que he sido perdonado? Siento libertad de la culpa y estoy convencido del perdón de mis pecados.

La Biblia también dice que si acudo a Cristo seré "una nueva criatura". Las cosas viejas quedan atrás y todas son hechas nuevas. Yo creí un día en Cristo y sucedió tal como la Biblia dijo que sería. Las cosas viejas quedaron atrás y todo fue hecho nuevo. Sé que es verdad porque así lo experimenté en mi propia vida.

Sí, la Biblia en realidad cambia vidas. Millones de personas, desde jefes de estado, científicos y educadores brillantes, desde filósofos y escritores hasta generales e historiadores, han dado testimonio acerca de la manera como la Biblia ha cambiado su vida. Millones de personas son prueba viva de que la Biblia puede restaurar vidas y mantenerlas restauradas.

Un argumento más fuerte proviene de la ciencia. Aunque la Biblia no es un libro de ciencia, las descripciones bíblicas de procesos científicos siempre son precisas.

Considere por ejemplo el ciclo del agua. La lluvia o la nieve cae a la superficie de la tierra y se transporta a corrientes que luego se convierten en ríos que a su vez fluyen hasta el mar. El agua se evapora de la superficie del océano y vuelve a las nubes, donde se convierte en lluvia y nieve para volver a precipitarse en la superficie. El ciclo del agua es un descubrimiento bastante reciente de la ciencia moderna, pero la Biblia lo describe con precisión en Isaías 55:10: "porque como desciende de los cielos la lluvia y la nieve, y no vuelve allá, sino que riega la tierra, y la hace germinar y producir" (referencias similares se encuentran en Job 36:27 y Sal. 135:7).

Podemos encontrar otra ilustración en la ciencia geológica. Los geólogos hablan de un estado llamado *isostasia*, un término empleado para describir el equilibrio de la tierra a medida que recorre su órbita en el espacio. Aquí el concepto básico es que se requieren pesos iguales para soportar pesos iguales para que pueda haber equilibrio de presión por todos lados. La masa terráquea debe equilibrarse en igual medida con la masa acuática. Para que la tierra permanezca estable mientras da vueltas sobre su propio eje, debe estar siempre en equilibrio perfecto. En este caso también, los científicos no han descubierto algo que sea nuevo para la Biblia o que esté fuera de su dominio. El profeta Isaías también escribió que Dios "midió las aguas con el hueco de su mano y los cielos con su palmo, con tres dedos juntó el polvo de la tierra, y pesó los montes con balanza y con pesas los collados" (Is. 40:12).

Usted puede encontrar muchos otros ejemplos de cómo la Biblia coincide con todos los descubrimientos de la ciencia moderna.[1] Por supuesto, la Biblia no incluye todo el lenguaje tecnológico pertinente, y con buena razón. Dios escribió la Biblia para hombres y mujeres de todos los tiempos y culturas, así que su Palabra nunca contradice la ciencia pero tampoco se complica con la descripción de alguna teoría científica que puede perder vigencia en unos cuantos años, décadas o siglos. Mucho tiempo antes del nacimiento de la ciencia moderna, Agustín de Hipona dio este consejo excelente a los cristianos: "no deberíamos apresurarnos en dar nuestro apoyo una visión de las cosas y luego a otra tan pronto escuchemos comentarios favorables, porque siempre existe la posibilidad de que se demuestre la falsedad de una opinión aceptada con premura, y si nuestra fe depende de esa opinión también dará la impresión de ser falsa. Si insistimos en esta conducta, vamos a tratar de defender nuestras propias opiniones y no las doctrinas reales de las Escrituras".[2]

La arqueología es otra disciplina que demuestra hasta el día de hoy la exactitud de la Biblia. William F. Albright, reconocido en todo el mundo como arqueólogo sobresaliente en la región de Palestina, nos asegura que la arqueología ha confirmado la exactitud histórica de la tradición del Antiguo Testamento.[3]

Por ejemplo, los representantes de la alta crítica que sometieron a su análisis las Escrituras, dudaron de la historicidad de la descripción que hace la Biblia de la riqueza de Salomón. Sin embargo, el arqueólogo

Henry Breasted desenterró entre 1925 y 1934 los restos de una de las ciudades de Salomón "con carros y gente de a caballo" en Meguido, al norte de Palestina. Breasted descubrió establos capaces de guardar a más de cuatrocientos caballos, y los restos de las casetas donde se congregaban los batallones de carruajes de Salomón, cuyo objetivo era estacionarse a lo largo de una ruta estratégica que pasaba por Meguido. Nelson Glueck, otro arqueólogo, halló los escombros de una fábrica inmensa donde se refinaba cobre y hierro, dos de los metales que Salomón utilizó para sus canjes de oro, plata y marfil (véase 1 R. 9:28; 10:22).[4]

Los críticos de las Escrituras también dudaban de la existencia de los heteos, un pueblo al que la Biblia hace referencia unas cuarenta veces de forma directa e indirecta. El arqueólogo Hugh Winckler excavó la capital hetea de Bogaz-koi y recuperó miles de textos heteos, al igual que el famoso código heteo.[5]

Otros ejemplos de cómo la arqueología confirma la autoridad de la Biblia podrían llenar este libro y una docena de otros volúmenes.[6] La arqueología nos ayuda a ver con claridad que nuestra fe cristiana reposa sobre hechos innegables y acontecimientos reales, no en mitos o historias de invención humana.

Quizá el argumento objetivo más fuerte a favor de la validez de las Escrituras proviene de las profecías bíblicas cumplidas. Peter W. Stoner, un científico y matemático, utilizó lo que denominó "el principio de probabilidad". Este principio sostiene que si la probabilidad de que suceda algo es uno en *M*, y la probabilidad de que suceda otra cosa es *N*, la probabilidad de que ambas sucedan es uno entre *M multiplicado por N*. Esta ecuación se emplea en el cálculo de las tasas que cobran las compañías de seguros. Stoner preguntó a seiscientos de sus estudiantes que aplicaran el principio de probabilidad a la profecía bíblica de la destrucción de Tiro (véase Ez. 26:3-16), la cual afirma por anticipado siete acontecimientos específicos: (1) Nabucodonosor tomaría la ciudad; (2) otras naciones ayudarían a cumplir la profecía; (3) Tiro sería desolado como una roca alisada; (4) la ciudad se convertiría en un lugar donde los pescadores extienden sus redes; (5) las piedras y la madera de Tiro terminarían en medio del mar; (6) los ciudadanos de otras ciudades sentirían temor a causa de la caída de Tiro; (7) la ciudad antigua de Tiro jamás sería reconstruida. Con una aplicación conservadora del principio de probabilidad, los estudiantes calcularon que la probabilidad de que sucedieran los siete acontecimientos tal como se describió, era de uno en cuatrocientos millones, *pero todo sucedió tal como lo profetizó la Biblia.*

Los estudiantes de Stoner realizaron un estudio similar sobre la profecía que anticipó la caída de Babilonia (véase Is. 13:19), y calcularon que la probabilidad de que las profecías de Babilonia se cumplieran era una entre cien mil millones, pero todo lo que dice la Biblia se cumplió al pie de la letra.[7]

La profecía bíblica declara los acontecimientos del futuro con una precisión que se sale de la capacidad de comprensión o anticipación de los seres humanos. A pesar de la probabilidad astronómica que tienen en contra, cientos de profecías bíblicas se han cumplido con precisión, y constituyen el argumento más objetivo a favor de la autoridad de la Biblia.

Más allá de los argumentos y las pruebas

Aunque existen tantos argumentos sólidos que respaldan la autoridad de las Escrituras, ninguno de ellos sirve si alguien no quiere convencerse. En última instancia, la cuestión sobre la autoridad de la Biblia es una cuestión de fe y no un argumento lógico. Usted puede convencer a un hombre con argumentos intelectuales, pero esto no quiere decir que él crea y acepte la autoridad de las Escrituras en su vida.

En realidad solo existe un argumento que puede demostrarnos que la Biblia es verdadera y tiene autoridad en nuestra vida: la obra del Espíritu Santo en nuestro corazón y en nuestra mente. Quizá nadie supo esto mejor que el apóstol Pablo, y no existe descripción más clara que 1 Corintios 2 de la obra que tiene lugar en el corazón de la persona que cree en Cristo.

Así que, hermanos, cuando fui a vosotros para anunciaros el testimonio de Dios, no fui con excelencia de palabras o de sabiduría. Pues me propuse no saber entre vosotros cosa alguna sino a Jesucristo, y a éste crucificado. Y estuve entre vosotros con debilidad, y mucho temor y temblor; y ni mi palabra ni mi predicación fue con palabras persuasivas de humana sabiduría, sino con demostración del Espíritu y de poder, para que vuestra fe no esté fundada en la sabiduría de los hombres, sino en el poder de Dios. (1 Co. 2:1-5)

Pablo insistió en que él no se acercó a los corintios con algo adicional a la sencillez del evangelio. El evangelio no necesita añadiduras de la filosofía o la sabiduría humana. Dios no necesita la razón del hombre ni la innovación del hombre. En el evangelio todo es muy simple. De hecho, al mundo le suena tan simple que les parece necio. En 1 Corintios 1:18 Pablo escribe: "porque la palabra de la cruz es locura a los que se pierden; pero a los que se salvan, esto es, a nosotros, es poder de Dios". Esto era el evangelio para los corintios sofisticados que al igual que sus vecinos en Atenas, siempre estaban pendientes de las novedades teóricas y las filosofías nuevas y rimbombantes.

Esos corintios decían a Pablo: "estás loco de remate, ¿acaso esperas que intelectuales como nosotros, con toda nuestra sabiduría y educación, creamos que en algún lugar y tiempo un hombre murió en una cruz, y ese fue el punto de quiebre de la historia humana?" Casi toda la gente dice lo mismo en la actualidad. "¿La Biblia? Eso es para niñitos y viejecitas, ¿no cierto? Ninguna persona inteligente cree en la Biblia. No puedo creer que sea verdad". He escuchado a muchas personas decir cosas por el estilo, y Pablo está de acuerdo con todas ellas. Si de "sabiduría humana" se trata, la Biblia suena como una sarta de necedades.

Ahora bien, Pablo no predicó acerca de la sabiduría humana o la sabiduría del mundo. Las únicas personas que pueden conocer la sabiduría de la que Pablo habla son los cristianos. La sabiduría de Dios solo tiene sentido en la mente de los creyentes que creen en Cristo como Señor y Salvador. Pablo pasa en seguida a establecer dos puntos acerca de la sabiduría verdadera: cómo se descubre y cómo se revela.

La sabiduría que no se descubre por medios humanos

Al hablar con diferentes personas escucho muchas opiniones acerca de Dios: "bueno, yo creo que Dios es…"; "en mi opinión, Dios es…" Aunque todos tenemos derecho a nuestras propias opiniones, esto no nos puede ayudar cuando de conocer a Dios se trata. No podemos conocer a Dios por nuestra cuenta sin importar cuánto nos esforcemos en intentarlo. No podemos escapar de los confines de nuestra existencia natural, pasar a una dimensión sobrenatural y luego regresar para contar a todos lo que aprendimos acerca de Dios. Ninguno de nosotros puede dejar este mundo natural sin morir. Mientras estamos en la tierra somos incapaces de conocer a Dios por nuestros propios medios.

Los cristianos siempre dan testimonios acerca de cómo "encontraron al Señor". Lo cierto es que el Señor nunca estuvo perdido sino nosotros, y Él fue quien nos encontró. Él tuvo que venir y encontrarnos porque nosotros somos incapaces de trascender nuestro propio mundo. Por esa razón Pablo dice en 1 Corintios 2:6 que la sabiduría de este mundo va a perecer. Pablo piensa en los filósofos que vienen y van, que traen sus argumentos y después los cambian por otros. Aunque la filosofía ha hecho ciertas contribuciones con el correr de los siglos, siempre se ha caracterizado por la contradicción constante y aun la inestabilidad. Como un profesor de filosofía dijo a su clase: "la filosofía no sirve para hacer pan".

Pablo habla aquí de un tipo de sabiduría del todo diferente. Enseña acerca de la "sabiduría de Dios en misterio, la sabiduría oculta, la cual Dios predestinó antes de los siglos para nuestra gloria" (1 Co. 2:7). Antes de que el tiempo empezara, Dios tenía un plan maravilloso de salvación y Él lo mantuvo oculto. Después, en Cristo y en el Nuevo Testamento, todos estos misterios fueron revelados.

Por supuesto, Dios tuvo que revelar el misterio en vista de que los brillantes "príncipes de este siglo" no la entendieron, "porque si la hubieran conocido, nunca habrían crucificado al Señor de gloria" (1 Co. 2:8). Los príncipes de este siglo a quienes hace referencia Pablo eran los líderes judíos y romanos. Ellos no conocían a Dios y tampoco conocían la verdad. De hacerlo, jamás habrían crucificado a Cristo.

Todos los romanos brillantes y todos los eruditos educados entre los saduceos y los fariseos que tenían un conocimiento académico del Antiguo Testamento, todos ellos se juntaron para crucificar a Cristo.

Pablo procede ahora a citar a Isaías: "cosas que ojo no vio, ni oído oyó, ni han subido en corazón de hombre, son las que Dios ha preparado para los que le aman" (1 Co. 2:9). En su búsqueda constante de la verdad, el mundo no puede explicarse qué sucede y hacia dónde vamos. Solo existen dos maneras de llegar a la verdad de las cosas, si es que vamos a hablar en términos humanos. Una es objetiva y la otra es subjetiva. La primera emplea el método empírico experimental, la segunda apela a la razón o la lógica. Al decir "cosas que ojo no vio, ni oído oyó", Pablo se refiere al método empírico experimental, pero Dios no puede ser observado por nuestros ojos ni podemos oírle con nuestros oídos físicos. No le podemos poner en nuestros tubos de ensayo ni le podemos ver con nuestro microscopio.

La otra manera como los hombres llegan a conclusiones es a través de su propio razonamiento, y la práctica de este método se llama racionalismo. Por esa razón Pablo añade que las cosas de Dios tampoco "han subido en corazón de hombre". La sabiduría del mundo no puede conocer a Dios por medio del estudio de hechos objetivos, y no puede conocerle por medios internos a través de procesos subjetivos de pensamiento y lógica humana. El mundo se encuentra en una condición muy triste de ignorancia espiritual, pero Dios tiene un plan maravilloso. El secreto para conocer a Dios es amarle a través de Jesucristo. La mente humana no descubre a Dios. Dios se revela a sí mismo a la mente humana en la persona de Cristo.

La sabiduría verdadera es revelada por el Espíritu Santo

Mientras era un estudiante de secundaria, visité a una niña que padecía de poliomielitis y se encontraba confinada en un respirador metálico. Gracias a que la enfermedad ya ha sido controlada con la vacuna, no se utilizan tanto los respiradores metálicos en la actualidad. Es terrible ver a una persona conectada a un respirador metálico, que parece un ataúd con bombas y mangueras por todas partes. Esa niña hermosa tenía que estar todo el tiempo conectada a ese respirador metálico, y todo lo que ella necesitaba venía de afuera porque ella no podía conseguirlo por sí misma.

En cierto sentido ese respirador metálico es una ilustración adecuada de la situación espiritual del hombre natural. Si cualquier sabiduría o verdad acerca de Dios va a entrar en él, esta tiene que venir de afuera, porque el hombre en su condición natural no puede moverse para obtener lo que su espíritu necesita para vivir.

Esto es lo que Pablo enseña en 1 Corintios 2. El Espíritu Santo ha invadido el respirador metálico del hombre con la verdad. A medida que el Espíritu Santo revela la sabiduría verdadera, tres elementos pueden discernirse: revelación, inspiración e iluminación.

Revelación significa mostrar algo que antes estaba velado, es correr el velo de algo que se mantuvo antes oculto. El Espíritu Santo es el agente que revela la sabiduría de Dios al cristiano "porque el Espíritu todo lo escudriña, aun lo profundo de Dios" (1 Co. 2:10). Nadie está mejor calificado para hacerlo. Como Pablo indica, nadie conoce los pensamientos del hombre mejor que "el espíritu del hombre que está en él". De la misma manera, "nadie conoció las cosas de Dios, sino el Espíritu de Dios" (1 Co. 2:11).

Inspiración es el siguiente paso en el proceso. La inspiración es el método por el cual el Espíritu comunica la revelación de Dios. Pablo continúa para decir que él no había "recibido el espíritu del mundo, sino el Espíritu que proviene de Dios, para que sepamos lo que Dios nos ha concedido" (1 Co. 2:12).

Ahora bien, cuando Pablo dice "hemos recibido" y "sepamos", no se refiere a todos los cristianos en sentido general, sino a los apóstoles y otros escritores de la Biblia. Usted y yo hemos recibido verdad espiritual por medio de sus escritos, pero Pablo habla aquí acerca de su propia experiencia, de la manera como él y los demás apóstoles recibieron verdades espirituales por conducto directo del Espíritu Santo.

La referencia de Pablo a la manera directa como los apóstoles recibieron palabras enseñadas por el Espíritu, coincide con la enseñanza de Juan 14:26, donde Jesús dice a los discípulos: "mas el

Consolador, el Espíritu Santo, a quien el Padre enviará en mi nombre, él os enseñará todas las cosas, y os recordará todo lo que yo os he dicho". La promesa de Jesús no se dirige aquí a todos los creyentes de todos los tiempos. Fue a muchos de los discípulos que más adelante serían llamados apóstoles, que Dios dio poder para recordar las palabras de Cristo y todo lo que Él hizo. ¿Cómo les dio ese poder? Por medio de inspiración divina.

Cuando Pablo se sentó a escribir Primera Corintios, el Espíritu de Dios tomó control de él. El Espíritu Santo inspiró en la mente de Pablo las palabras que Dios quería decir por medio de él, y luego Pablo utilizó su propio vocabulario y su propia experiencia para escribir esa porción de las Escrituras. La Biblia no solo es la Palabra de Dios sino las *palabras* de Dios.

Revelación e inspiración son solo dos pasos en la obra del Espíritu que se describe aquí en 1 Corintios 2. Quizá el aspecto más importante de su obra está en el tercer paso que es la *iluminación*. Muchas personas tienen Biblia pero no saben en realidad qué hay en ella, o creen algunas doctrinas extrañas e interesantes que ni siquiera están en la Biblia. La salvaguardia en contra del uso inadecuado de la Biblia es la iluminación del Espíritu Santo. De esto habla Pablo en 1 Corintios 2:14: "el hombre natural no percibe las cosas que son del Espíritu de Dios, porque para él son locura, y no las puede entender, porque se han de discernir espiritualmente".

Sin importar cuán religioso pueda ser, el hombre natural no puede entender el mensaje real de las Escrituras. No puede salir de su respirador metálico para trascender sus limitaciones. Además, ¡es como un cadáver espiritual! En el Salmo 119:18, el salmista dice esta bella oración: "abre mis ojos, y miraré las maravillas de tu ley". Dios no solo nos da la ley (las Escrituras), sino que también tiene que abrir los ojos de nuestro entendimiento, y lo hace a medida que el Espíritu Santo ilumina nuestra mente. La verdad está disponible, pero solo quienes sean iluminados podrán entenderla.

Es posible que el hombre natural lea la revelación inspirada de Dios, pero sin la iluminación del Espíritu Santo no tendrá sentido para él. Así como un ciego no puede ver el sol, el hombre natural no puede ver al Sol de justicia, el Hijo de Dios. Así como el sordo no puede oír toda la belleza de la música, el hombre natural no puede apreciar el dulce cántico de la salvación. Como dijo Martín Lutero: "el hombre es como la esposa de Lot: una estatua de sal. Es como un tronco o una piedra, es un monumento sin vida que no usa sus ojos ni su boca, ni ninguno de sus sentidos o su corazón, a no ser que haya sido iluminado, convertido y regenerado por el Espíritu Santo".

"En cambio el espiritual juzga todas las cosas; pero él no es juzgado de nadie. Porque ¿quién conoció la mente del Señor? ¿Quién le instruirá?" (1 Co. 2:15, 16).

Este versículo nos dice que tenemos una responsabilidad tremenda. El Espíritu Santo es nuestro maestro permanente de la verdad. El punto de referencia de Dios se encuentra en nuestro mismo interior, y en un sentido espiritual no podemos ser juzgados por nadie. El mundo puede burlarse del cristiano, llamarle necio y hasta matarle, como sucede en muchos lugares del mundo, pero nadie puede juzgar al hombre espiritual (el cristiano que tiene al Espíritu Santo), porque eso significa juzgar al Señor mismo.

El cristiano, por otro lado, no debería hacer un mal uso de su condición espiritual. Debe tener cuidado de nunca pensar que lo sabe todo, porque es obvio que en muchas áreas naturales sí necesita consejo, ayuda, corrección y aun juicio, pero en el área espiritual, Pablo dice sin equívocos que el cristiano no puede ser juzgado por el hombre.

En resumen

Aunque el cristiano puede tener dominio de argumentos muy buenos a partir de su experiencia personal, la ciencia, la arqueología y la profecía, no puede "probar" que la Biblia es verdadera y tiene autoridad suprema. De todas maneras, el cristiano sabe que la Biblia es verdadera gracias a su maestro permanente de la verdad, el Espíritu Santo. El Espíritu Santo es el único que puede probar que la Palabra de Dios es verdadera, y lo hace a medida que obra en el corazón y la mente del cristiano en quien habita.

Capítulo siete
¿QUÉ OPINIÓN TENÍA JESÚS DE LA PALABRA DE DIOS?

uede usted creer en Cristo pero no en la autoridad y la infalibilidad de la Biblia? Puede intentarlo, aunque esto le llevará a un dilema espinoso por esta razón: si usted dice que cree en Cristo pero duda de la veracidad de la Biblia, está siendo inconsecuente y hasta irracional. Cristo respaldó la veracidad y la autoridad absolutas de la Biblia. Si usted confiere a Cristo un lugar de honor y autoridad en su vida, también debe ser consecuente y dar a las Escrituras ese mismo honor y autoridad.

La deidad y la autoridad de Cristo

A pesar de su falta de entendimiento en algunas ocasiones, los doce discípulos entendieron muy bien que su maestro era Dios en forma humana, y en consecuencia aceptaron la autoridad de su Palabra. Ante el abandono de otros simpatizantes que decidieron darle la espalda, Cristo preguntó a los doce: "¿queréis acaso iros también vosotros? Le respondió Simón Pedro: Señor, ¿a quién iremos? Tú tienes palabras de vida eterna. Y nosotros hemos creído y conocemos que tú eres el Cristo, el Hijo del Dios viviente" (Jn. 6:67-69).

En el transcurso del ministerio de Juan el Bautista alrededor del río Jordán, algunos de sus seguidores empezaron a hacer preguntas acerca de este profeta: "como el pueblo estaba en expectativa, preguntándose todos en sus corazones si acaso Juan sería el Cristo" (Lc. 3:15). Como Juan no quería que se divulgara una concepción equivocada de su persona, les dio una respuesta inequívoca:

> Yo a la verdad os bautizo en agua; pero viene uno más poderoso que yo, de quien no soy digno de desatar la correa de su calzado; él os bautizará en Espíritu Santo y fuego. Su aventador está en su mano, y limpiará su era, y recogerá el trigo en su granero, y quemará la paja en fuego que nunca se apagará. (Lc. 3:16, 17)

Juan entendió con precisión su ministerio como profeta y precursor del Cristo, aquel quien ejercería autoridad divina para decidir el destino eterno de cada persona.

Dios el Padre dio una ratificación directa de la autoridad de Cristo por medio de dos sucesos. Uno tuvo lugar en el bautismo del Señor, cuando una voz del cielo le dijo: "Tú eres mi Hijo amado; en ti tengo complacencia" (Lc. 3:22). El segundo fue en el monte de la transfiguración, donde el Padre dijo: "Este es mi Hijo amado; a él oíd" (Lc. 9:35).

Martyn Lloyd-Jones hizo una paráfrasis excelente de este versículo:

> En otras palabras, este es el que todos deben escuchar. Ustedes esperan una palabra y una respuesta a sus preguntas. Ustedes buscan una solución a sus problemas. Ya han consultado a los filósofos y han prestado atención en todas partes. Se han preguntado: "¿en quién podemos encontrar una autoridad definitiva?" Aquí está la respuesta del cielo, de Dios mismo: "A ÉL OÍD". Dios mismo le señala entre la multitud y lo presenta ante nosotros como la última Palabra, la autoridad máxima, Aquel a quien debemos someternos y el único a quien debemos escuchar y acatar.[1]

Jesús nunca titubeó en aseverar su autoridad única, y esto lo vemos en algunas de sus enseñanzas. Como parte de su serie de declaraciones "yo soy", Jesús informó a sus oyentes que Él era el único pan de vida (véase Jn. 6:35), el agua de vida (véase Jn. 4:14; 7:37), la única luz del mundo (véase Jn. 8:12), el único pastor verdadero (véase Jn. 10:1-18), y la vid verdadera (véase Jn. 15:6), así como el camino, la verdad y la vida (Jn. 14:6).

El Sermón del Monte suministra otra ilustración de la autoridad con que Jesús habló. Lloyd-Jones escribe:

> Necesitamos recordar que esta designación propia y personal le diferencia de todos los profetas. Los profetas del Antiguo Testamento fueron hombre poderosos, personajes que se apartaron por completo de sus limitaciones humanas para ser usados por Dios y ungidos por el Espíritu Santo. Sin embargo, ninguno de ellos empleó el pronombre "yo" para describir su ministerio, sino que todos reconocían lo mismo: "así dice el Señor". En cambio, el Señor Jesucristo no introduce así sus intervenciones, sino que siempre dice: "de cierto, de cierto os digo". De esta manera se diferencia de los demás y demuestra que es un ser único, porque siempre dice y hace en términos de "digo" y "hago". *Mis palabras*: esta es la confirmación definitiva que Jesús hace de su propia autoridad, y si fuera posible añadir algo a tal declaración, Él mismo lo hizo: "el cielo y la tierra pasarán, pero *mis* palabras no pasarán". Nada puede superar la fuerza y la autoridad de Jesús y su Palabra.[2]

¿Cuáles fueron los resultados? "La gente se admiraba de su doctrina; porque les enseñaba como quien tiene autoridad, y no como los escribas" (Mt. 7:28, 29; véase Mr. 1:22; Lc. 4:32). Las multitudes se habían acostumbrado a que sus líderes justificaran sus enseñanzas con referencias a maestros del pasado, pero Jesús se apoyaba en su propia autoridad. La pregunta de los hipócritas en Mateo 21:23 indica que sí reconocían su autoridad. ¿De dónde venía su autoridad? Jesús explicó sin excusas que venía de Dios, su Padre (véase Mt. 9:6, 8), quien le había dado plena autoridad: "toda potestad me es dada en el cielo y en la tierra" (Mt. 28:18).

Robert Lightner hace un resumen adecuado del origen de la autoridad de Cristo: "la fuente de tal autoridad es Dios, y Él era Dios para hablar de esa manera. Los escritores del evangelio dejan muy en claro que la autoridad de Cristo se derivaba de Dios, su Padre. Él había sido enviado por el Padre para hacer la obra del Padre y declarar las palabras del Padre. Él cumplió esta comisión a través del poder y la autoridad del Padre (Jn. 17:68)".[3]

¿Dudó Jesús del Antiguo Testamento?

¿Qué pensaba Jesús de las Escrituras de su tiempo, el Antiguo Testamento? ¿Consideraba que el Antiguo Testamento tenía autoridad? En Mateo 23:35 Él define el canon hebreo como los libros que van desde Génesis (Abel) hasta la época posterior al exilio que se describe en 2 Crónicas (Zacarías). Esto abarca todo el Antiguo Testamento en términos de cronología hebrea.

También es importante advertir que Jesús nunca citó ni hizo alusión alguna a obras apócrifas. ¿Por qué no? El erudito bíblico F. F. Bruce explica que los libros apócrifos "no fueron considerados como canónicos por los judíos en Palestina o en Alejandría, y que nuestro Señor y sus apóstoles aceptaron el canon judío y confirmaron su autoridad con el uso que hicieron de él, mientras que no existe evidencia para mostrar que hayan considerado la literatura apócrifa que había sido divulgada en su tiempo, como de autoridad similar".[4]

Aunque se puede admitir que este es un argumento basado en el silencio guardado al respecto, no dejar de ser significativo que Jesús citó o hizo alusión directa al Antiguo Testamento en sesenta y cuatro ocasiones,[5] en tanto que nunca hizo referencia a otras fuentes. Como se indica en el capítulo cuatro, Cristo puso su sello de aprobación en el Antiguo Testamento de distintas maneras.

Jesús reconoció que todas las Escrituras apuntaban en dirección a Él. En Juan 5:39, por ejemplo, Jesús dijo a los líderes judíos: "escudriñad las Escrituras; porque a vosotros os parece que en ellas tenéis la vida eterna; y ellas son las que dan testimonio de mí". Más adelante Jesús lo explicó en detalle a los dos discípulos que iban camino a Emaús: "les declaraba en todas las Escrituras lo que de él decían" (Lc. 24:27). A los once discípulos dijo: "estas son las palabras que os hablé, estando aún con vosotros: que era necesario que se cumpliese todo lo que está escrito de mí en la ley de Moisés, en los profetas y en los salmos" (Lc. 24:44).

Cristo también dijo que Él vino a cumplir todas las Escrituras. En Mateo 5:17 Él aseguró a los discípulos que no tenía planeado abolir la ley o los profetas sino que por el contrario, había venido para garantizar su cumplimiento. Esto lo evidencia la sumisión voluntaria de Jesús a las enseñanzas del Antiguo Testamento, y su corrección de aquellos que le lanzaron acusaciones falsas (véase Mr. 2:23-28). Además, Jesús se veía a sí mismo como el cumplimiento perfecto de las profecías del Antiguo Testamento.[6] En Mateo 26:24, dijo que Él, el Hijo del Hombre, iba a ser traicionado y entregado "según está escrito de él". Unos versículos más adelante Jesús reconoció a Pedro que Él habría podido llamar a doce legiones de ángeles para protegerle, pero esto no habría estado de acuerdo con el plan de Dios: "¿pero cómo entonces se cumplirían las Escrituras, de que es necesario que así se haga?" (Mt. 26:54). En otras palabras, Jesús vino para cumplir las Escrituras. Su visión de ellas era que hablaban de Él y que todos los detalles tenían que cumplirse.

Jesús comparó la duración de las Escrituras a la duración del universo. Él dijo: "más fácil es que pasen el cielo y la tierra, que se frustre una tilde de la ley" (Lc. 16:17). Por esa razón, "se cumplirán todas las cosas escritas por los profetas acerca del Hijo del Hombre" (Lc. 18:31).

Jesús también corroboró la historicidad y la validez de los personajes y los acontecimientos del Antiguo Testamento. Por ejemplo, el confirmó la creación de Adán y Eva al preguntar: "¿no habéis leído que el que los hizo al principio, varón y hembra los hizo, y dijo: Por esto el hombre dejará padre y madre, y se unirá a su mujer, y los dos serán una sola carne?" (Mt. 19:4, 5).

Algunos habían intentado demostrar que el relato del primer homicidio, en el cual Caín mató a su hermano Abel, en realidad fue una alegoría, una historia ficticia que enseñaba una verdad espiritual. Jesús en cambio, al ser confrontado por los fariseos, dijo: "desde la sangre de Abel hasta la sangre de Zacarías, que murió entre el altar y el templo; sí, os digo que será demandada de esta generación" (Lc. 11:51).

En otra ocasión Jesús hizo referencia a Lot y su esposa: "mas el día en que Lot salió de Sodoma, llovió del cielo fuego y azufre, y los destruyó a todos... Acordaos de la mujer de Lot" (Lc. 17:29, 32).

Otro personaje del Antiguo Testamento a quien Jesús consideraba histórico fue Daniel: "por tanto, cuando veáis en el lugar santo la abominación desoladora de que habló el profeta Daniel (el que lee, entienda)" (Mt. 24:15).

A través de los años algunos han negado la naturaleza histórica del diluvio, pero Jesús creyó en el diluvio de Noé. Él declaró: "mas como en los días de Noé, así será la venida del Hijo del Hombre. Porque como en los días antes del diluvio estaban comiendo y bebiendo, casándose y dando en casamiento, hasta el día en que Noé entró en el arca" (Mt. 24:37, 38).

Existen muchos otros hechos del libro de Génesis que nuestro Señor respaldó, tales como el llamamiento de Moisés (véase Mr. 12:26). En Juan 6:31, 32 Jesús habló acerca del maná que descendía del cielo. En Juan 3:14, se refirió a la serpiente de bronce que se levantó en el desierto para la sanidad de Israel. *Una y otra vez, Jesús manifestó su acuerdo y su ratificación de la autoridad del registro del Antiguo Testamento.*

¿Qué pasa con la teoría de la acomodación?

Antes de concluir nuestro estudio sobre la manera como Cristo veía las Escrituras, debemos resolver otro problema creado por los que cuestionan la autoridad y la inerrancia de las Escrituras. Según ellos, Jesús se aseguró de que su enseñanza se acomodara a las creencias que estuvieran "de moda" en su tiempo. Ellos dicen que Jesús hizo esto para poder comunicar ciertas verdades espirituales sin ofender demasiado a la gente de Palestina, y en particular sus líderes religiosos.

Así resumen esta teoría los eruditos bíblicos Norman Geisler y William Nix:

En pocas palabras, esta teoría plantea que Jesús, en su referencia al Antiguo Testamento, acomoda su enseñanza a los prejuicios y las opiniones erróneas de su tiempo. Sostiene por ejemplo que Él en realidad no quiso dar a entender que Jonás hubiera estado "dentro de una ballena" en sentido literal. También alega que el propósito de Jesús no fue cuestionar la verdad histórica ni establecer teorías críticas, sino predicar valores espirituales y morales.[7]

¿Dónde se originó el concepto de acomodación? John M'Clintock dice que los gnósticos fueron los primeros en defenderlo. "Ellos afirmaban que la doctrina de Cristo no podía conocerse a partir de las Escrituras porque los escritores del Nuevo Testamento se ajustaron al nivel cultural que imperaba en su época".[8] Más adelante, la teoría de la acomodación fue propagada por J. S. Sember (1725-1791), el padre del racionalismo alemán, y llegó a convertirse en parte estratégica del liberalismo.[9] La acomodación todavía es un argumento favorito de los pensadores liberales y de la nueva ortodoxia hasta nuestros días, los cuales se esfuerzan en traer descrédito a la infalibilidad y la inerrancia de las Escrituras. Vamos a examinar a continuación las múltiples falacias de esta teoría.

En primer lugar, la teoría de la acomodación da lugar a una visión subjetiva de la enseñanza de Jesús. Si una sola porción de sus palabras, tal como se registran en el Nuevo Testamento, está contaminada por el error, se puede sospechar de todo su mensaje. Geisler y Nix preguntan: "si Jesús se acomodó de forma tan completa y conveniente a las ideas del momento, ¿cómo puede saberse con certeza lo que Él creía en realidad?"[10] La respuesta obvia es que nadie podría saberlo. No podríamos confiar en Él porque nunca podríamos estar seguros de cuáles cosas dichas por Él eran la verdad, y cuáles eran una fachada que mantenía por razones políticas o psicológicas.

En segundo lugar, la crítica más grave de esta teoría se ve en la manera como Jesús mismo trató a los escribas y los fariseos. Si Él hubiera querido acomodar sus enseñanza a algún grupo de personas de su tiempo, habría sido para complacer a estos líderes religiosos. Es evidente que Jesús confrontó en repetidas ocasiones a los escribas y los fariseos mediante la enseñanza literal del Antiguo Testamento.

Un ejemplo clave se encuentra en Marcos 7:6-13, donde la enseñanza tradicional de los escribas y fariseos entraba en conflicto con los mandamientos de Dios. El famoso criterio de acomodación requeriría que Jesús estuviera de cuerdo con el tradicionalismo de su manera de pensar. En Mateo 22:29, no obstante, Jesús reprendió con firmeza a los saduceos por ignorar las Escrituras, y en el capítulo siguiente Jesús habló de nuevo acerca de los escribas y fariseos que aparentan ser seguidores de Moisés mientras imponen con hipocresía sus propias tradiciones sobre los demás (véase Mt. 23:14).

En tercer lugar, otra objeción a la teoría de la acomodación se relaciona con el carácter de Jesús mismo. ¿Cómo podría Él decir falsedad al mismo tiempo que afirmaba ser "la verdad" (Jn. 14:6)?[11] Si ese fuera el caso, su integridad quedaría impugnada y su aspiración a la deidad destruida,[12] porque el Nuevo Testamento afirma que Dios no puede mentir (véase Tit. 1:2).

Una cuarta objeción se relaciona con el uso que Cristo hace del Antiguo Testamento. James I. Packer advierte que la teoría de la acomodación "presupone que las ideas de Cristo acerca del Antiguo Testamento no son elementos esenciales en su pensamiento y pueden descartarse sin afectar su mensaje ni su autoridad personal".[13] De hecho, como se dijo antes, Cristo mantuvo una conexión íntima con el Antiguo Testamento, como lo indicó a los después en una aparición posterior a su resurrección: "estas son las palabras que os hablé, estando aún con vosotros: que era necesario que se cumpliese todo lo que está escrito de mí en la ley de Moisés, en los profetas y en los salmos" (Lc. 24:44). Antes de esto, Él había explicado muy bien a Cleofas y al otro discípulo en el camino a Emaús "lo que de él decían todas las Escrituras" (Lc. 24:27).

La teoría de la acomodación debe ser rechazada porque no es compatible con la evidencia de los evangelios. Uno no puede apoyar la teoría de la acomodación y la autoridad de Cristo al mismo tiempo, sin perder la cordura y la honestidad intelectual. Por otra parte, aceptar su autoridad equivale a aceptar la inerrancia de las Escrituras. La autoridad y la autenticidad de Cristo y de las Escrituras se sostienen o se caen juntas.

En resumen

Al examinar el testimonio de Jesús acerca de las Escrituras, tenemos que aceptar una de tres posibilidades. La primera es que no existen errores en el Antiguo Testamento, tal como lo enseñó Jesús. La segunda es que existen errores pero Jesús los desconocía. La tercera es que contiene errores y Jesús los conocía pero decidió encubrirlos.

Si la segunda posibilidad es cierta, y el Antiguo Testamento contiene errores de los cuales Jesús no estuvo al tanto, se sigue que Jesús fue un hombre falible y por supuesto no puede ser Dios. Si la tercera alternativa es cierta y Jesús conocía los errores y los encubrió, no se le puede considerar como un hombre honesto ni santo, por lo cual tampoco podría ser Dios. Ambas posibilidades destruyen al cristianismo en su estructura fundamental como un castillo de arena a merced de las olas.

Yo acepto la primera proposición, que Jesús veía el Antiguo Testamento como la Palabra de Dios, con autoridad y libre de todo error.

La conclusión obvia aquí es que Jesús aceptó la autoridad del Antiguo Testamento y asignó esa misma autoridad al registro del Nuevo Testamento (véase Jn. 14:26; 15:26, 27; 16:12-15).[14] Jesús consideró estos escritos sagrados como equivalentes a su palabra hablada, de tal modo que el registro del cumplimiento tiene la misma autoridad que el registro de la predicción y la anticipación del cumplimiento.

El Salmo 119:160 nos dice que "la *suma* de tu palabra es verdad" (cursivas añadidas). La suma de las partes es verdadera si y solo si las partes individuales también son verdaderas. Con base en la autoridad de Cristo, yo creo que lo son. *Una suma con autoridad requiere partes inerrantes.*

No se puede permitir a la razón cancelar la revelación, y la autoridad de Cristo no puede ser usurpada por sus criaturas. Lo que está en la balanza no es nada más y nada menos que la naturaleza de Dios.

Capítulo ocho

¿PUEDE AÑADIRSE ALGO A LA BIBLIA?

*E*n los últimos años, un interés renovado en el Espíritu Santo y en el uso de los dones espirituales ha generado emoción y renovación en muchas iglesias. Según parece, en la actualidad Dios revela su poder y su misma esencia a través de expresiones espirituales nuevas y asombrosas. Si acaso ya estamos envueltos en el movimiento, nos puede resultar difícil ver la diferencia entre lo que Dios dice y hace en la actualidad, y lo que Él dijo e hizo en los días en que fueron redactadas las Escrituras. ¿Existe una diferencia entre la Palabra de Dios tal como fue dada entonces y la palabra que Él habla a los creyentes y por medio de los creyentes en la actualidad? Creo que existe una gran diferencia, y es algo que debemos tener presente si es que vamos a mantener una perspectiva adecuada en cuanto a la autoridad y la infalibilidad de la Biblia.

¿Qué pensaron al respecto los escritores de la Biblia?

Suponga que usted hubiera sido uno de los escritores de un libro de la Biblia. ¿Cuál sería su opinión acerca de la obra terminada? ¿Habría pensado que el material escrito salió de su propia mente? ¿O tendría la certeza de que fueron palabras provenientes de Dios mismo?

Una buena manera de obtener respuestas a estas preguntas es ver lo que dicen los escritores de la Biblia al respecto.

Como sabemos, unos cuarenta escritores produjeron la Biblia en un período aproximado de mil quinientos años. Todos vivieron en épocas y lugares disímiles, y en ningún caso se ayudaron entre sí para la elaboración del material. No obstante, hay una característica prodigiosa que es común a todos ellos desde Moisés, quien escribió los primeros cinco libros de la Biblia, hasta el apóstol Juan que cerró con broche de oro el canon del Nuevo Testamento con el libro de Apocalipsis. Por falta de un término mejor, todos estos escritores tenían cierto aire de infalibilidad. Muchos de estos hombres fueron sencillos y no tuvieron mucha educación formal, con contadas excepciones como Moisés y Salomón que sí podrían llamarse bien educados o refinados. En el Nuevo Testamento, Pablo también era tan educado como lo fueron Lucas y Santiago, pero el resto de ellos fueron agricultores, pastores, soldados y pescadores muy sencillos. Sin embargo, todos ellos, sin importar su nivel educativo y social, escribieron con una certeza absoluta de que escribían nada más y nada menos que la Palabra de Dios.

Todos ellos escribieron con independencia absoluta de su propia conciencia individual, es decir, sin presentar advertencias, aclaraciones, justificaciones o excusas en cuanto al origen de sus escritos. Más bien, reiteraron sin ambages ni apocamiento que escribían la Palabra de Dios. Un erudito bíblico calcula que tan solo en el Antiguo Testamento existen más de dos mil seiscientas de afirmaciones claras en ese sentido: 682 en el Pentateuco, 1.307 en los libros proféticos, 418 en los libros históricos y 195 en los libros poéticos.[1]

Un ejemplo clave es el de Moisés, quien dijo a Dios en su encuentro con la zarza ardiente que le sería imposible regresar a Egipto y hablar a Faraón. Dios responde: "¿quién dio la boca al hombre? ¿O quién hizo al mudo y al sordo, al que ve y al ciego? ¿No soy yo Jehová? Ahora, pues, vé, y yo estaré con tu boca, y te enseñaré lo que hayas de hablar" (Éx. 4:11, 12).

Los demás profetas y escritores de la Biblia también estaban seguros de que su mensaje era algo muy especial que era digno de ser escuchado por todos. En 1 Samuel 3 se registra la visita de Dios al niño Samuel y la manera como Él le reveló su palabra: "Samuel creció, y Jehová estaba con él, y no dejó caer a tierra ninguna de sus palabras" (1 S. 3:19).

Jeremías empieza sus alocuciones proféticas con esta afirmación: "vino, pues, palabra de Jehová a mí, diciendo" (Jer. 1:4).

Al describir la forma en que Dios le comisionó, Ezequiel afirmó que Dios le había dicho que prestara mucha atención y guardara en su corazón todas las palabras dichas por Él. Ezequiel tenía la responsabilidad de ir a sus compatriotas en el exilio y decirles: "así ha dicho Jehová el Señor" (Ez. 3:10, 11).

Ningún profeta del Antiguo Testamento presenta su llamado para comunicar un mensaje especial divino con más franqueza y naturalidad que Amós, quien aclaró que no era profeta ni hijo de profeta sino pastor y recolector de higos silvestres: "Jehová me tomó de detrás del ganado, y me dijo: Vé y profetiza a mi pueblo Israel" (Am. 7:15).

¿Qué decir de los escritores del Nuevo Testamento? ¿Creían ellos lo mismo que creían los escritores del Antiguo Testamento? ¿Estaban convencidos de que recibían y escribían la Palabra de Dios?

En primer lugar, es interesante considerar qué pensaban los escritores del Nuevo Testamento de los escritores del Antiguo. Existen por lo menos 320 citas directas del Antiguo Testamento en el Nuevo Testamento.[2] En total, los escritores del Nuevo Testamento hacen más de mil referencias al Antiguo Testamento. Es indudable que los escritores del Nuevo Testamento creían que el Antiguo Testamento era la revelación de Dios, su Palabra inspirada.

Por ejemplo, en Romanos 15:4 Pablo dice: "porque las cosas que se escribieron antes, para nuestra enseñanza se escribieron, a fin de que por la paciencia y la consolación de las Escrituras, tengamos esperanza". En Gálatas 3:8 Pablo se refiere así al Antiguo Testamento: "y la Escritura, previendo que Dios había de justificar por la fe a los gentiles, dio de antemano la buena nueva a Abraham, diciendo: En ti serán benditas todas las naciones".

Ahora bien, ¿afirman en algún caso los escritores del Nuevo Testamento que otros escritores del Nuevo Testamento sean inspirados? Como se mencionó en el capítulo cuatro, el apóstol Pedro se refiere en estos términos al apóstol Pablo: "nuestro amado hermano Pablo, según la sabiduría que le ha sido dada, os ha escrito, casi en todas sus epístolas, hablando en ellas de estas cosas; entre las cuales hay algunas difíciles de entender, las cuales los indoctos e inconstantes tuercen, como *también las otras Escrituras*, para su propia perdición" (2 P. 3:14-16, cursivas añadidas). ¿Qué dijo Pedro aquí? Dos cosas: Pablo escribía de cierto modo en todas sus epístolas, y lo que escribía tenía tanta validez como el Antiguo Testamento. Pedro aclara que las epístolas de Pablo son inspiradas y son la Palabra de Dios.

Con frecuencia, Pablo afirma que comunica la revelación inspirada que Dios le ha dado de manera directa. Por ejemplo, en la carta a los gálatas dice: "mas os hago saber, hermanos, que el evangelio anunciado por mí, no es según hombre; pues yo ni lo recibí ni lo aprendí de hombre alguno, sino por revelación de Jesucristo" (Gá. 1:11, 12).

Otro buen ejemplo de la inspiración que Pablo afirmó recibir de Dios se encuentra en su carta a los tesalonicenses: "por lo cual también nosotros sin cesar damos gracias a Dios, de que cuando recibisteis la palabra de Dios que oísteis de nosotros, la recibisteis no como palabra de hombres, sino según es en verdad, la palabra de Dios, la cual actúa en vosotros los creyentes" (1 Ts. 2:13). El apóstol Pablo no pudo decirlo con más claridad, porque durante todo su ministerio él siempre creyó que enseñaba y escribía las palabras de Dios mismo. Aquí solo hay dos alternativas: Pablo tenía un ego gigantesco, o decía la verdad.

Desde el principio de la Biblia hasta el final, sus escritores mantuvieron una convicción plena de que hablaban y escribían las palabras verdaderas de Dios. Su obra porta una marca distintiva de inspiración y autoridad que ningún otro escritor o grupo de escritores han demostrado antes o después de ellos.

El canon está cerrado, para siempre

Volvamos a la pregunta con que se dio inicio a este capítulo: ¿existe una diferencia clara entre la manera como Dios habló mucho tiempo atrás por medio de los profetas y los apóstoles, y la manera como habla en la actualidad? Sin duda alguna, Dios hace cosas maravillosas en nuestro tiempo. A través de su Espíritu Santo, siempre se mantiene ocupado en la empresa de guiar y capacitar a sus hijos para testificar, escribir, hablar y actuar con poder, y para dar un fruto espiritual extraordinario en el mundo de hoy. Sin embargo, Él ya no se ocupa en inspirar más revelación escrita. El canon de las Escrituras ya quedó cerrado de manera definitiva.

La palabra "canon" requiere ser definida y explicada. Si usted menciona "el canon de las Escrituras" en una reunión de creyentes, seguro va a recibir algunas miradas de desconcierto. La mayoría de los creyentes saben que la Palabra de Dios es llamada una espada de doble filo (véase He. 4:12), pero no recuerdan un pasaje que la compare con un arma de fuego.

En realidad, la palabra "canon" es una metáfora, un juego de palabras. Se deriva de la palabra griega *kanon* que significa "caña o vara", "regla de medir, parámetro o límite".[3] El término original *kanon* provenía de una raíz que significaba "tallo de bambú" o "mimbre". En tiempos bíblicos se empleaban las cañas como unidades de medida, y para los hebreos una caña medía cerca de 3 metros. Así, la palabra llegó a utilizarse para aludir en sentido metafórico a una norma o estándar, un criterio de medición definido.

El término se empleaba de muchas maneras: en el lenguaje como una regla gramatical, en la historia como tabla cronológica, en la literatura como una lista de libros y obras que podían atribuirse a un autor determinado.[4] El término llegó a ser utilizado para hacer referencia a la lista completa de libros dados por Dios al hombre. Atanasio, obispo de Alejandría, se refirió al Nuevo Testamento en el año 350 d.C. como "el canon de las Escrituras".[5] En otras palabras, este obispo consideró que la colección de 27 libros usados en las iglesias del Nuevo Testamento correspondía a la segunda y última parte de la revelación de Dios que había empezado con los libros del Antiguo Testamento.

Aunque se disputó la inclusión de algunos libros en el canon del Nuevo Testamento, la elección final de Atanasio y otros padres de la iglesia primitiva se mantuvo firme. En la actualidad, empleamos el término "canon de las Escrituras" para decir que la Biblia está completa y que nada se le puede añadir ni quitar. Dios nos ha dado toda su revelación y la Biblia es nuestro canon, nuestra única regla de fe y conducta. Ella es eficaz, suficiente, infalible, inerrante y tiene autoridad plena sobre nuestra vida. Como el parámetro perfecto de Dios, es obligatoria en lo moral y determinante en la evaluación de cualquier otro escrito, concepto e idea.

Cómo fue seleccionado el canon

Es útil saber qué significa la palabra "canon", pero quedamos con esta duda: ¿cómo decidieron los padres de la iglesia cuáles libros pertenecían al canon?

Aunque la palabra "canon" no se utilizó para hacer referencia a las Escrituras en tiempos del Antiguo Testamento, siempre se mantuvo un concepto claro de que los libros del Antiguo Testamento eran un grupo unificado de escritos sagrados que eran únicos y exclusivos.

Se aplicaban dos pruebas básicas para determinar si un libro pertenecía al canon del Antiguo Testamento: (1) ¿fue inspirado por Dios, escrito por un profeta o alguien con el don de profecía? (2) ¿fue aceptado, preservado y leído por el pueblo de Dios, los israelitas?

Algunos escritores del Antiguo Testamento no gozaron de un reconocimiento oficial como profetas. Por ejemplo, Daniel fue un judío que ascendió al rango de alto oficial del gobierno mientras estuvo en cautiverio en Babilonia. David y Salomón fueron dos de los reyes hebreos más famosos. Esdras fue un escriba. Nehemías fue el copero del rey Artajerjes durante su cautiverio en Babilonia, y más adelante se convirtió en gobernador de la ciudad restaurada de Jerusalén. No obstante, se consideraba que todos estos hombres tenían capacidades o dones proféticos especiales. Ellos fueron usados por Dios para escribir y hablar en representación suya.

El canon del Antiguo Testamento quedó cerrado (es decir, se escribió y seleccionó su último libro) alrededor del año 425 a.C. con la profecía de Malaquías. No había confusión alguna en cuanto a los libros que habían sido inspirados por Dios. En primer lugar, los escritores afirmaban sin temor que habían sido inspirados (este aspecto ya se discutió al principio de este capítulo). En segundo lugar, el pueblo de Dios no encontró error alguno tras revisar y evaluar esos escritos. Se ajustaban a todos los criterios históricos, geográficos y teológicos, y cumplían todos los requisitos que determinaban su coherencia espiritual y su inspiración divina.

La tradición judía sostiene que los últimos compiladores del canon del Antiguo Testamento formaban parte de la gran sinagoga, aquella escuela de escribas fundada por Esdras tras el regreso de los judíos del cautiverio en Babilonia. Es interesante que en esa época se hicieron tantos esfuerzos como en la actualidad para añadir ciertos textos a las Escrituras. Muchos trataron de añadir al Antiguo Testamento cerca de catorce libros no canónicos. Esta colección de libros apócrifos u "ocultos" incluye: 1 y 2 de Esdras, Tobías, Judit, el cántico de Ester, la Sabiduría de Salomón, Eclesiástico, Baruc (con la epístola de Jeremías), el cántico de los tres hijos santos, la historia de Susana, Bel y el dragón, la oración de Manasés y dos libros de los Macabeos.

Los judíos no permitieron que los libros apócrifos fueran parte del canon del Antiguo Testamento debido a que: (1) fueron escritos mucho después de haberse completado el canon, alrededor del año 400 a.C., y carecían de la calidad profética que les diera el cuño de Escrituras inspiradas.[6] (2) Ninguno de los escritores apócrifos afirman haber recibido inspiración divina, y de hecho algunos dicen de frente que carecen de ella. (3) Los libros apócrifos contienen errores fácticos y enseñanzas doctrinales y éticas cuestionables. Por ejemplo, los escritos apócrifos justifican el suicidio y el asesinato, y también enseñan la oración por los muertos.

Por otro lado, es muy interesante que la iglesia católica romana haya aceptado por completo los libros apócrifos, los cuales se incluyen entre el Antiguo y el Nuevo Testamento como parte de las versiones de la Biblia publicadas y distribuidas por la iglesia católica hasta el día de hoy.

Cómo fueron seleccionados los libros del Nuevo Testamento

Las pruebas aplicadas por la iglesia cristiana primitiva para determinar las Escrituras del Nuevo Testamento fueron similares a los que se aplicaron a los libros del Antiguo Testamento.

¿El libro fue escrito por un apóstol o alguien que mantuvo asociación íntima con un apóstol? La pregunta clave aquí era la inspiración del libro, y para ser inspirado tenía que haber sido escrito por un apóstol, una persona que había andado y hablado con el Señor o alguien que había sido un acompañante cercano de un apóstol. Por ejemplo, Marcos

no fue un apóstol, pero fue un asociado cercano de Pedro. Lucas, el único escritor gentil del Nuevo Testamento, no fue un apóstol pero trabajó muy de cerca junto a Pablo, quien a su vez fue un apóstol a partir de su experiencia especial con Jesucristo en el camino a Damasco.

Jesús había prometido a los apóstoles el poder para escribir por inspiración divina las Escrituras al decirles en el aposento alto: "mas el Consolador, el Espíritu Santo, a quien el Padre enviará en mi nombre, él os enseñará todas las cosas, y os recordará todo lo que yo os he dicho" (Jn. 14:26). Esta promesa del Señor se dirigió a sus apóstoles, no a los cristianos en la actualidad, y los apóstoles lo sabían muy bien. Como vimos antes en este capítulo, ellos afirmaron tener la inspiración divina y también la confirmaron en los escritos de sus hermanos apóstoles. Sin lugar a dudas, la prueba fundamental de las Escrituras fue la autoridad apostólica.

Otra prueba aplicada por la iglesia primitiva era el contenido. ¿Cuadraba el texto escrito con la doctrina de los apóstoles? En los primeros años de la iglesia, herejes como los gnósticos trataron de insertar algunos libros espurios que nunca fueron aceptados porque no se ajustaban a la doctrina apostólica. Sus aberraciones doctrinales eran demasiado evidentes.

Una tercera prueba determinaba si un libro era leído y utilizado en las iglesias. ¿Fue aceptado por el pueblo de Dios, leído durante sus reuniones y en el culto al Señor, y se convirtieron sus enseñanzas en parte de la vida diaria de los creyentes?

La última prueba determinaba si un libro era reconocido y empleado por las generaciones posteriores a la iglesia primitiva, en especial por parte de los padres apostólicos. Líderes de la iglesia como Policarpo, Justino Mártir, Tertuliano, Orígenes, Eusebio, Atanasio, Jerónimo y Agustín, utilizaron y aprovecharon los escritos apostólicos. Es importante advertir, sin embargo, que los líderes de la iglesia no impusieron los libros por la fuerza. Ningún grupo o grupo de hombres estuvo a cargo de hacer canónico cierto libro. Dios fue quien determinó en canon y el hombre lo descubrió a través del uso prolongado y continuo de las Escrituras. El canon surgió como resultado de la convicción generalizada de los líderes de la iglesia y los miembros de la iglesia, los cuales trabajaron en armonía y guiados por el Espíritu Santo para compilar el Nuevo Testamento.

Como sucedió con el Antiguo Testamento, también surgieron una gran cantidad de libros apócrifos que se quisieron añadir al Nuevo Testamento. Estos incluyeron la epístola de Bernabé, el Apocalipsis de Pedro, el evangelio de Nicodemo y el pastor de Hermas. También había supuestos "evangelios" de Andrés, Bartolomé, Tomás y Felipe, pero ninguno de ellos entró al canon del Nuevo Testamento porque fallaron una o más de las pruebas clave de autenticidad.

La determinación de libros canónicos y su agrupación en un solo volumen de libros auténticos e inspirados continuó de manera lenta y gradual. Ningún concilio eclesiástico decretó un canon "oficial" del Nuevo Testamento, pero varios concilios reconocieron el consenso de los creyentes y la existencia de los libros canónicos. Al terminar el cuarto siglo la colección quedó completa y el canon fue cerrado de manera definitiva.[7]

¿Qué sucede si añadimos más "revelación"?

Los falsos libros apócrifos del Antiguo y Nuevo Testamento (también llamados *pseudepigraha*) fueron los primeros intentos de añadir "otra revelación" a las Escrituras.[8] En el transcurrir de los siglos y hasta la actualidad, diferentes individuos y grupos han afirmado que sus obras y sus escritos son iguales a la Biblia en autoridad e inspiración. Como siempre, el resultado ha sido error y caos espiritual. Los ejemplos puede verlos usted mismo en las creencias y las prácticas de las sectas que existen en la actualidad.

Los mormones han igualado tres obras de esa índole con las Escrituras:

Doctrina y pactos, La perla de gran precio, y El libro de mormón. Por ejemplo, en el libro de Alma (5:45, 46) se declara: "¿supones que yo no conozco estas cosas por mí mismo? He aquí, yo testifico y sé que las cosas que he hablado son la verdad. ¿Cómo crees que estoy tan seguro de su veracidad? He aquí, yo te digo que me fueron dadas a conocer por el Espíritu Santo de Dios… y este es el espíritu de revelación que está en mí".[9]

Los adeptos de la ciencia cristiana han elevado el libro *Ciencia y salud, la llave de las Escrituras* a la altura de revelación por inspiración divina. Uno de sus documentos enuncia que "como no se trata de una filosofía humana sino de una revelación divina, la razón y la lógica de la ciencia cristiana separan esta religión de todos los demás sistemas de creencia".[10] Mary Baker Eddy, fundadora de esta secta y llamada "el agente revelador de la verdad para esta era",[11] escribió: "me ruborizaría pensar acerca de nuestro libro, *Ciencia y salud, la llave de las Escrituras*, como una obra de origen humano, como si yo lo hubiera escrito separada de Dios, su autor verdadero. Yo solo fui usada por Dios cual escribano fiel".[12]

Los Testigos de Jehová cometen el mismo error al afirmar en su publicación: "*La atalaya* es una revista sin igual en toda la tierra, porque su autor es Dios".[13]

Otra ilustración de una persona que piensa que tiene una revelación nueva es David Berg, líder de la secta llamada "los niños de Dios". Berg se ha llamado a sí mismo Moisés, profeta de los últimos días y David, nuevo rey del Israel. Este hombre ha escrito unas quinientas "epístolas" en el transcurso de cinco años, y según un informe de la revista *Christianity Today*: "Berg, de quien se afirma que tiene varias concubinas, insiste en que sus cartas son 'la Palabra de Dios para el mundo de hoy', y que ellas han suplantado a las Escrituras bíblicas, las cuales llama 'la Palabra de Dios para el mundo de ayer' ".[14]

Los anteriores apenas unos cuantos ejemplos que ilustran un punto vital que es tan cierto hoy como lo fue durante la determinación del canon bíblico: todos los que critican, cuestionan, desafían, substraen o añaden a la Palabra autorizada de Dios, se oponen a la autoridad divina del Señor Jesucristo y sufrirán las consecuencias de haber puesto al hombre (la criatura) en un lugar de autoridad y preeminencia que corresponde al Creador y a nadie más.

En resumen

Los escritores de la Biblia hablaron con convicción y autoridad especiales que solo pudieron provenir de Dios. Ellos no emplearon frases como: "creo que tengo razón en esto" o "tal vez usted no esté de acuerdo conmigo, pero…" Más bien, ellos dijeron una y otra vez, de distintas maneras: "así dice el Señor" y "Dios ha puesto sus palabras en mi boca". Ellos no adivinaron que sus escritos eran inspirados porque *lo sabían*.

"Canon de las Escrituras" es una expresión que todos los cristianos deberían conocer y entender mejor. Incluye los sesenta y seis libros que se ha determinado que constituyen la regla infalible de fe y práctica para la iglesia en todos los tiempos. Desde que se cerró el canon del Nuevo Testamento en el siglo cuarto, algunos se han preguntado si deberíamos añadir algo al canon. Después de todo, Dios todavía actúa y habla desde aquellos primeros siglos a través del Espíritu Santo de Cristo. No obstante, Apocalipsis 22:18 declara con firmeza: "Yo testifico a todo aquel que oye las palabras de la profecía de este libro: Si alguno añadiere a estas cosas, Dios traerá sobre él las plagas que están escritas en este libro". Por supuesto, usted puede menospreciar esta advertencia y decir que solo se aplica al libro de Apocalipsis y no a toda la Biblia. Antes de sentirse orgulloso de su astucia, piense primero que el libro de Apocalipsis es el último libro de la Biblia, y por su naturaleza y su contenido particular fue colocado allí por los que determinaron el canon. Si usted añade o resta al Apocalipsis también añade o resta a la Biblia y corre el peligro de caer bajo la grave maldición de Apocalipsis 22:18.

Es evidente que no han sobrevenido plagas apocalípticas literales sobre aquellos que añaden a las Escrituras, aunque muchas de esas personas han terminado su vida de manera triste e incluso terrible. Yo creo que Dios ha reservado el cumplimiento pleno de esa maldición para el día del juicio. Una cosa es muy clara: los que afirman poseer una revelación nueva de Dios tienen que pagar un precio muy alto. Cristo ha puesto su propio sello de aprobación para ratificar la autoridad de las Escrituras, y la iglesia ha descubierto el canon de la Palabra de Dios bajo la guía del Espíritu Santo. Abandonar las Escrituras o reducir en lo más mínimo su relevancia y su carácter único y exclusivo como la Palabra de Dios verdadera e inspirada, equivale a iniciar un desastre espiritual de proporciones apocalípticas.

Segunda parte

SEPA QUÉ PUEDE HACER LA BIBLIA POR USTED

Capítulo nueve

¿CÓMO NOS CAMBIA LA PALABRA DE DIOS?

*L*a Biblia es un libro asombroso. Es asombroso porque soporta todas las pruebas de autenticidad que se le quieran aplicar, pero por encima de esto, la Biblia es asombrosa tan pronto se le examina desde una perspectiva espiritual y moral.

La Biblia afirma que es viva y poderosa. Esta es una declaración tremenda. No existe otro libro que esté *vivo*. Algunos libros cambian nuestra manera de pensar, pero este es el único libro que puede cambiar su naturaleza. La Biblia es el único libro que puede transformarle a usted por completo, de adentro hacia afuera.

En una sección del Salmo 19 las Escrituras dan testimonio de sí mismas, y lo hacen con estas palabras:

La ley de Jehová es perfecta, que convierte el alma; el testimonio de Jehová es fiel, que hace sabio al sencillo. Los mandamientos de Jehová son rectos, que alegran el corazón; el precepto de Jehová es puro, que alumbra los ojos. El temor de Jehová es limpio, que permanece para siempre; los juicios de Jehová son verdad, todos justos. (Sal. 19:7-9)

Vamos a estudiar cada uno de estos aspectos por separado.

La Biblia es perfecta

En primer, "la ley de Jehová" es un término que se emplea para definir las Escrituras. El Salmo 19 especifica que esa ley es "perfecta", es decir, que es un tratado completo de la verdad que tiene la capacidad para transformar el alma. La palabra hebrea que se traduce "el alma"

97

es *nephesh*, y se refiere a la totalidad de la persona. Tiene que ver con nuestra identidad verdadera, no el cuerpo sino lo que tenemos por dentro. Las verdades de las Escrituras pueden transformar por completo a una persona.

Tal vez usted diga: "no me interesa ser transformado por completo". En ese caso es probable que no tenga interés alguno en la Biblia. La Biblia es para personas que tienen cierta sensación de desespero en cuanto a su situación. Es para personas que no tienen el propósito que quisieran tener en su vida. No están seguras de dónde se encuentran, de dónde vinieron o a dónde se dirigen. Hay cosas en sus vidas que les gustaría poder cambiar. Quisieran no ser manejados por pasiones que no pueden controlar. Les gustaría dejar de ser víctimas de las circunstancias. Desean no tener tanto dolor en su vida. Quisieran que sus relaciones fueran como deben ser. Les gustaría poder pensar con más claridad sobre las cosas que sí importan en su vida. Este libro glorioso es para ellos, para la gente que no tiene todas las respuestas y que quiere algo mejor.

La Biblia dice que la clave para esta transformación es el Señor Jesucristo. Dios vino al mundo en la forma de su Hijo unigénito. Él murió en una cruz para pagar el castigo por sus pecados y los míos, y resucitó en victoria para conquistar a muerte. Él vive hoy y entra en la vida de aquellos que le reconocen como su Señor y Salvador, para transformarles en la clase de personas que Dios siempre quiso que fueran. Si usted está satisfecho con su situación y con su manera de ser, no va a buscar en la Palabra de Dios la manera de cambiar, pero si usted es consciente de su culpa, si quiere librarse de su ansiedad y de los patrones de vida que necesita cambiar con desesperación, si usted tiene algún vacío en su corazón, si existe en su alma un anhelo que nunca ha podido satisfacer, y algunas respuestas que usted no ha podido encontrar, usted es el tipo de persona que busca en la Palabra de Dios para determinar si en realidad puede hacer lo que dice que hace. Millones de personas son pruebas vivientes de que así es. La Biblia puede transformarle por completo mediante el poder de Cristo, quien murió y resucitó por amor a usted.

La Biblia es segura

En segundo lugar, el Salmo 19 dice que la Palabra de Dios es "fiel", es decir, tan absoluta, digna de confianza y recta, "que hace sabio al sencillo". La palabra hebrea que se traduce "sencillo" viene de una raíz que alude a una puerta abierta. Los judíos en la antigüedad describían a una persona de mentalidad simple como alguien que tenía la cabeza parecida a una puerta abierta: todo entra y todo sale pero no sabe qué dejar por fuera y qué guardar adentro. Es una persona que no discrimina, que es ingenua e incapaz de evaluar la verdad de las cosas. No tiene parámetros para juzgar cosa alguna.

La Biblia dice que ella puede hacer sabia a una persona así. La sabiduría era para los judíos la habilidad práctica de sobrevivir todos los días. Para los griegos la sabiduría es una especie de conocimiento complicado y abstracto. El texto hebreo dice que las Escrituras nunca fallan en hacer sabio al sencillo, y esto significa que la persona ingenua, sin experiencia ni instrucción, que carece de discernimiento y habilidad, se convertirá en una persona hábil e inteligente en todos los aspectos de la vida diaria. ¡Qué promesa tan fantástica!

La Biblia abarca todas los aspectos de la vida. ¿Quiere aprender acerca de las relaciones entre personas? La Biblia se lo enseña. ¿Quiere aprender acerca del matrimonio? También cubre ese tema. ¿Quiere aprender sobre ética laboral? Ahí está. ¿Quiere conocer los factores de la mente humana? ¿Necesita aprender sobre la motivación? ¿Quiere saber por qué hace lo que hace y cómo puede vivir mejor? En la Biblia encontrará la respuesta. ¿Quiere saber cómo sacar provecho máximo de su vida? ¿Quiere saber por qué vale la pena vivir? Todo está allí. Los asuntos de habilidad en el diario vivir se tratan en la Biblia. Ella enseña sobre actitudes, reacciones, respuestas, cómo tratar a la gente, cómo usted debe ser tratado por la gente, cómo cultivar la virtud en su vida, etc. Todos los aspectos de la vida se tratan a profundidad en las páginas de la Biblia. Ciertas herramientas de estudio y referencia como *La Biblia de estudio MacArthur* y otros análisis temáticos de la Biblia, sirven para encontrar los versículos específicos que tratan estos y muchos otros temas. Con su poder y sabiduría inmensurables, la Biblia puede tomar a una persona sin entendimiento y hacerla hábil y sabia en cuestiones del diario vivir.

Tal vez se pregunte: "¿cómo puede suceder algo así?" No sucede por la simple lectura de un libro, sino al comprometer la vida entera a Jesucristo, quien es el tema y el autor de la Biblia. Él viene a vivir en usted y aplica la verdad de la Palabra a su vida.

En tercer lugar, la Biblia es recta. La Palabra de Dios, llamada aquí también "los mandamientos de Jehová", es recta. En hebreo esto significa que la Biblia establece un sendero correcto por el cual podemos andar confiados, y el resultado de seguir ese precepto divino es que la Palabra de Dios trae alegría profunda a nuestro corazón.

Reflexiono en aquellas ocasiones en mi propia vida cuando no supe en qué dirección ir, cuál era mi futuro o a qué carrera debía consagrar mis energías. En aquel entonces empecé a estudiar la Palabra de Dios para someterme al Espíritu de Dios, y de repente Dios empezó a trazar un sendero claro ante mí. Ha sido fantástico ver cómo las Escrituras definen ese sendero, y a medida que recorro ese sendero, experimento gozo, felicidad y bendición. De hecho, hallo tanta satisfacción en la vida que la gente piensa en ciertas ocasiones que algo anda mal. Es que hasta las dificultades me traen satisfacción, porque crean una oportunidad perfecta para que Dios demuestre su fidelidad en mi vida. Hasta la infelicidad puede convertirse así en fuente de felicidad. En Juan 16 Jesús compara la tristeza de los discípulos ante su partida con el dolor de una mujer que va a dar a luz. Hay gozo en esa clase de dolor que puede rendir un resultado tan bienaventurado.

Sé que usted quiere una vida feliz. Sé que quiere paz, gozo, significado y propósito. Sé que quiere la plenitud de vida que todo ser humano busca por todos los medios. La Biblia dice: "bienaventurados los que oyen la palabra de Dios, y la guardan" (Lc. 11:28). ¿Por qué? Porque Dios bendice su fidelidad y obediencia. Usted puede tener una vida feliz sin pecado, sin sexo fuera del matrimonio, sin drogas y sin alcohol. Dios no es un aguafiestas cósmico, aunque conozco algunas personas que así lo creen. Piensan que Dios se la pasa de un lado para otro mientras dice: "ese que va ahí está muy entretenido, ¡cáiganle!" Creen que Dios quiere arruinar con lluvia el desfile de los alegres, pero no es así en absoluto. Dios le hizo a usted. Él sabe cómo funciona usted mejor, y Él sabe cómo hacerle feliz. La felicidad que Él da no desaparece tan pronto se termina la fiesta, sino que perdura porque viene de adentro, del interior del creyente.

La Biblia es pura

En cuarto lugar, el salmista dice que la Palabra de Dios es tan pura, "que alumbra los ojos". El cristiano más humilde entiende cosas que mucha gente erudita desconoce. Gracias a que yo conozco la Biblia, muchas cosas que otros no entienden, me resultan diáfanas y simples.

La autobiografía del filósofo inglés Bertrand Russell, escrita casi al final de su vida, da a entender que la filosofía fue una muleta inservible para él. Resulta espeluznante pensar que un hombre que pasó su vida dedicado a la reflexión en la realidad humana, nunca pudo llegar a un destino fijo ni a una conclusión confortante. Yo no tengo la misma estatura intelectual de Russell, pero sí conozco la Palabra de Dios. Las Escrituras alumbran mis ojos, sobre todo en las situaciones más tenebrosas de la vida. ¿Qué pienso de la muerte? Lo que enseña la Biblia. ¿Cómo veo la enfermedad, las cosas trágicas y tristes, la devastación del mundo? ¿No se cansa usted de escuchar noticias sobre mentiras, engaños, homicidios, terrorismo y guerra? Las Escrituras tratan todos los asuntos difíciles de la vida.

Puedo acudir a un cristiano cuya muerte es inminente, y sentir el gozo que hay en su corazón. Mi abuela murió a los noventa y tres años de edad. Ella estaba postrada en su cama y un día la enfermera le dijo que era hora de levantarse. Mi abuela dijo: "no, hoy no me levanto". La enfermera le preguntó por qué y mi abuela dijo: "yo amo a Jesús y me voy para el cielo, así que no me moleste". Luego sonrió y se fue con Él.

¿Tiene usted esa clase de esperanza?

Durante mi niñez, solía visitar la Iglesia de Cristo en Filadelfia para leer los epitafios que se han escrito en memoria de aquellos norteamericanos que han sido de gran influencia para nuestro país. Benjamín Franklin escribió así su propio epitafio:

El cuerpo de Benjamín Franklin, tipógrafo,
(como un libro viejo cuyas páginas
languidecen por el uso,
con cubierta desvencijada y
bordes dorados maltrechos)
yace aquí y es ¡comida para gusanos!
Sin embargo, la obra misma no se perderá,
porque aparecerá otra vez, como él lo creyó,
en una edición nueva y más hermosa,
¡corregida y enmendada por su Autor!

¿Tiene usted esa esperanza? ¿Entiende las cosas ocultas y tenebrosas? ¿Puede mirar a la muerte cara a cara y decir: "este no es el fin sino solo el comienzo para mí"? ¿Qué puede decirle usted a alguien que pierde un hijo? ¿Qué puede decir a alguien que pierde un cónyuge como resultado del cáncer o una enfermedad del corazón? ¿Deambula usted en medio de la confusión en que viven la mayoría de las personas? ¿A quién acude para aclarar las cuestiones complicadas de la existencia?

Yo acudo a la Palabra de Dios, y en su luz siempre he encontrado a iluminación espiritual que necesito.

La Biblia es limpia

Además, el Salmo 19:9 dice que la Palabra de Dios es limpia y "permanece para siempre".

Las únicas cosas que duran para siempre son aquellas que no han sido tocadas por la devastación de la maldad, es decir, el pecado. La Palabra de Dios es limpia porque describe y descubre el pecado sin ser tocada por la maldad. A pesar de ser un documento antiguo, toda persona en toda situación y en toda sociedad que haya existido jamás, puede encontrar en este libro cosas que duran para siempre. Este es un libro que nunca necesita otra edición. Nunca necesita ser revisado ni actualizado porque nunca pierde vigencia. La Biblia nos habla con la misma relevancia y autoridad con que ha hablado a todos los que la han leído o escuchado desde que fue escrita. Es tan pura que dura para siempre.

Estudié filosofía durante mis años universitarios. Casi todos los sistemas de filosofía que estudié habían dejado de existir y de aplicarse mucho tiempo atrás. En el área de las ciencias humanas estudié psicología, y en los cursos de especialización estudié más psicología. Casi todas las modalidades de psicoterapia que estudié ya están obsoletas o han sido reemplazadas por una mentalidad más progresista.

Siempre queda una cosa que nunca cambia, y esta es la Palabra eterna de Dios. La Biblia nunca deja de ser relevante.

La Biblia es verdadera

Por último, el Salmo 19:9 dice que la Palabra de Dios es la verdad. ¿Sabe usted cuán difícil es encontrar algo que sea verdadero en la actualidad? ¿Los periódicos tienen la verdad? ¿Son verdaderas las revistas? Por lo general, ¿son veraces los políticos, los doctores y los abogados? Hoy día no se da mucha importancia a la verdad.

¿Sabe por qué a la gente se le hace tan fácil mentir? Porque se han dado por vencidos en su búsqueda de la verdad. Pilato, al enviar a Jesús a la cruz, preguntó: "¿qué es la verdad?" (Jn. 18:38). El contexto muestra lo cínico que fue, porque ni siquiera se quedó para escuchar la respuesta.

Recuerdo a un joven drogadicto que dormía en la caja de una nevera y vivía junto a un río en las montañas del norte de California. Yo daba una caminata por el área y le pregunté si me podía presentar. Hablamos un rato y descubrí que se trataba de un graduado de la Universidad de Boston. El joven dijo: "he escapado". Yo le pregunté: "¿ya pudiste encontrar las respuestas?" Me dijo: "no, pero por lo menos me he colocado en una situación en la que ya no me importa hacer las preguntas". Esa es la condición angustiosa de todos los que desconocen la verdad.

Todos buscan la verdad. ¿Ha visto usted la cantidad de información escrita que se encuentra disponible para cualquier persona en la actualidad? Recuerdo haber leído en algún lugar que en nuestra sociedad se imprimen decenas de millares de páginas de material impreso, ¡cada minuto! Un día llamé a la biblioteca pública de Los

Ángeles para preguntar cuántos libros tenía, y el número que me dieron fue increíble. De hecho, ahora tenemos tanta información que ya no la podemos almacenar en libros. Los científicos se encuentran en el proceso de desarrollar una tecnología de rayos láser que permita almacenar toda la biblioteca del congreso de los Estados Unidos, ¡en un objeto que tiene el tamaño de un cubo de azúcar!

Las Escrituras hablan acerca de ciertas personas que "siempre están aprendiendo, y nunca pueden llegar al conocimiento de la verdad" (2 Ti. 3:7). Aquí no se refiere al conocimiento de la verdad matemática, por ejemplo, sino al conocimiento de la vida y la muerte, Dios y el hombre, el pecado y la salvación, el bien y el mal, el cielo y el infierno, la esperanza, el gozo y la paz. La gente no puede encontrar esa información por sus propios medios, sin contar con la ayuda divina.

Capítulo diez

¿CÓMO NOS HACE LIBRES LA PALABRA DE DIOS?

ué es la verdad? Pilato hizo esta pregunta a Jesús y la gente todavía le hace la misma pregunta. Al hablar con algunas personas acerca de la verdad que se encuentra en Jesucristo, ellas responden: "a ver lo pienso… yo no sé qué es la verdad". Algunos incluso admiten que ya han dejado de buscarla. Un caballero me dijo: "antes me preocupaba saber si algún día podría al fin conocer todas las cosas y explicar todos los problemas, pero ya dejé esa preocupación a un lado y decidí olvidarme del asunto porque yo no tengo por qué atormentarme así. No vale la pena amargarse la vida por culpa de la ignorancia y las limitaciones".

Por supuesto, la obsesión de "saberlo *todo*" y "explicarlo *todo*" puede desanimar a cualquiera. En la sociedad actual se imprimen y publican decenas de miles de páginas cada minuto, y el océano de la información nos inunda por todas partes. Los libros ya no pueden contener tanta información sin volverse demasiado grandes y aparatosos, así que hemos empezado a almacenar esa información voluminosa en microfichas y discos compactos.

Sin duda alguna tenemos una gran cantidad de información y de conocimiento, pero seguimos sin estar muy seguros acerca de la verdad. La Biblia describe la situación deplorable de las personas que "siempre están aprendiendo, y nunca pueden llegar al conocimiento de la verdad" (2 Ti. 3:7).

Muchas personas se pasan así la vida. Leen, estudian, piensan, hablan y escuchan, pero nunca encuentran la verdad. No se contentan con todo lo que saben y la frustración y la incertidumbre se vuelven insoportables en su vida.

En cierta ocasión me dirigí a un grupo de unos diez jóvenes adultos que habían salido de la sociedad para vivir en una comuna informal en el campo. Empezaron a hacer una presentación de su filosofía de la vida y yo les hice la pregunta definitiva: "¿qué es la verdad?" Todos se miraron entre sí, casi estupefactos. Luego uno de ellos se paró en medio del grupo.

—¡*Yin yang!* –gritó.

—¿El yin yang? –pregunté.

—Sí hombre, el yin yang es lo que vale.

—¿Qué es el yin yang? –pregunté interesado en su respuesta.

—¿Usted no sabe qué es el yin yang? ¿Cómo puede vivir sin el yin yang? Venga le muestro.

El joven tomó un palo y dibujó un círculo oblongo en el suelo. Luego trazó una línea curva por la mitad del círculo que lo dividía en dos partes iguales. A continuación dibujó dos puntos de igual tamaño en cada punta del círculo dividido. Esto representaba dos realidades que se oponen entre sí.

—¿Ahora sí lo ve? Este es el yin yang. Ahora sí puede elevarse con ese concepto.

—Bueno, ¿y qué es lo que hace el yin yang? –le pregunté.

—¿Cómo así que qué es lo que hace? –dijo–. ¿Acaso no sabe que si el negro no existiera tampoco existiría el blanco? ¿Si no hay arriba tampoco hay abajo? ¿Si no hay afuera tampoco existe adentro?

Mientras el grupo asentía, el joven continuaba su larga retahíla de categorías opuestas.

—¿Y eso de qué me sirve a mí? –le pregunté al fin.

—Esa es la realidad, hombre. ¡Es el yin yang! La vida consiste en la acumulación de todas las cosas que se oponen entre sí.

—¿Usted me quiere decir que ha vivido toda una vida para llegar a descubrir el yin yang, y que eso es todo? –le respondí. Todo lo que este hombre tenía para aferrarse a la vida era el concepto de *yin yang*. La única verdad que había encontrado basado en su experiencia, ¡era la noción elemental de ciertos conceptos que se oponen entre sí!

Mi amigo de la comuna puede ser un ejemplo extremo, pero sus creencias ilustran la situación lamentable de muchas personas. Sus almas anhelan la verdad pero siguen encadenadas por la duda, la indecisión y la incertidumbre de nunca saber lo suficiente y tener que contentarse con migajas intelectuales como el concepto del *yin yang*.

Qué dice la Palabra de Dios acerca de la verdad y la libertad

Para descubrir dónde y cómo la Biblia es fuente de la verdad y la libertad, debemos acudir a la fuente de todo y a las palabras de la verdad misma: Jesucristo. En Juan 8, Jesús estaba enfrascado en una de las múltiples discusiones que sostuvo con los judíos que trataban de desacreditar sus enseñanzas. Algunas de estas personas habían empezado a creer, así fuera un poco, y de hecho mientras estaba "hablando él estas cosas, muchos creyeron en él" (Jn. 8:30). Todo esto suena muy positivo hasta que miramos la situación de cerca. La mayoría de los comentaristas bíblicos creen que en este punto se podría llamar a estas personas "convertidas a medias". Su fe no era suficiente para hacerles libres del pecado y "tampoco era suficiente para salvarles".[1]

Habían empezado a creer que Jesús es quien afirmaba ser: el Mesías. Jesús quería llevarles de su fe a medias a una fe plena y a una salvación completa. Quería llevarles a la verdad total y a la libertad real. En los siguientes versículos (Jn. 8:31-37), podemos escucharle hablar acerca de tres conceptos: el progreso de la libertad, la apariencia de libertad y la promesa de libertad.

El progreso de la libertad

¿Cómo avanza una persona hacia la libertad real? En Juan 8:31 y 32 Jesús lo explica en detalle: "si vosotros permaneciereis en mi palabra, seréis verdaderamente mis discípulos; y conoceréis la verdad, y la verdad os hará libres". Esta es la manera de progresar hacia la libertad. Primero uno cree y luego se aferra a la enseñanza de Cristo, y al permanecer así en su palabra, uno da evidencia de tener fe verdadera.

¿Por qué Jesús dijo estas palabras a la multitud? Porque reconoció su condición de creyentes a medias. Esto mismo sucedió en el segundo capítulo de Juan. Jesús había acabado de purificar el templo de los cambistas de dinero, y el apóstol Juan observó que "muchos creyeron en su nombre, viendo las señales que hacía" (Jn. 2:23). ¿Fue esto motivo de celebración para Jesús? A duras penas: "Jesús mismo no se fiaba de ellos, porque conocía a todos, y no tenía necesidad de que nadie le diese testimonio del hombre, pues él sabía lo que había en el hombre" (Jn. 2:24, 25).

Jesús sabía que su fe no era una fe para salvación. Creían en lo que le habían visto hacer, pero no creían en Él ni tenían un compromiso firme con la verdad divina.

Podemos encontrar el mismo problema en otras escenas bíblicas. Cuando Jesús enseña la parábola del sembrador, habla acerca de ciertas semillas que caen entre las rocas. Esto representa a personas que creen pero carecen de raíz porque no se comprometen. Al llegar la tentación o la prueba se marchitan y desaparecen (véase Lc. 8:11-15). En Juan 12:42-44 leemos acerca de unos líderes judíos que creyeron en Jesús, "pero a causa de los fariseos no lo confesaban, para no ser expulsados de la sinagoga. Porque amaban más la gloria de los hombres que la gloria de Dios". Creían, pero no estaban dispuestos a confesar su fe y quedaron atrapados en la mitad, con una fe parcial, tibia y mediocre.

El punto clave de todos estos ejemplos es que "creer" en Cristo no es suficiente. Santiago nos dice que "también los demonios creen, y tiemblan" (Stg. 2:19). Hay un hombre con el que he hablado por muchos años acerca de Cristo y la salvación. ¿Cuál ha sido su respuesta? "Yo creo todo lo que me dices, pero no estoy preparado para darle a Cristo mi vida". Eso lo dice todo. Aunque debe creerse, también se debe hacer confesión y compromiso.

Por esa razón, Jesús dice a esta multitud de judíos: "si vosotros permaneciereis en mi palabra, seréis verdaderamente mis discípulos" (Jn. 8:31). Santiago nos dice que "la fe, si no tiene obras, es muerta en sí misma" (véase Stg. 2:17). Jesús dice lo mismo: "muéstrame el carácter de tu fe por medio de permanecer en mi palabra, es decir, haz lo que yo digo y vive como yo vivo". La palabra *permanecer* implica obediencia. El discípulo verdadero *permanece, continúa* y *obedece* la Palabra viva del Cristo vivo.

Muchos cristianos hacen una dicotomía falsa entre recibir a Jesús como Salvador y Señor, al decir cosas como: "hace tres años acepté a

Cristo como Salvador, pero esta noche quiero que también se convierta en mi Señor". Su motivo para hacer una declaración así puede ser encomiable, pero están un poco equivocados. Nosotros no *hacemos* a Cristo nuestro Señor. Él ya lo es. Al recibirle como su Salvador, Él también se convierte en su Señor. No hay que preguntarse: "¿es Cristo el Señor de mi vida?" La pregunta es: "¿obedezco a Cristo mi Señor?"

Hay personas que afirman ser discípulos de Cristo, pero tienen muy poco amor por su Palabra y por la verdad de Dios. Un discípulo verdadero está orientado siempre por la Palabra de Dios. La gente me pregunta: "¿usted por qué enseña la Biblia y nada más?" ¿Qué más se supone que deba hacer? ¿Acaso los cristianos tienen otro medio para encontrar y aprender la verdad?

El significado literal de la palabra *discípulo* es "aquel que se dedica a aprender". A un discípulo verdadero le encanta aprender sentado a los pies de Jesús, y al salir de ese lugar secreto, se levanta y sale para poner en práctica lo aprendido. Un discípulo verdadero no solo es un oidor sino un hacedor de la Palabra (véase Stg. 1:22). Al sentarnos a los pies de Jesús, conoceremos la verdad y estaremos en capacidad de *hacer* la verdad. ¿Por qué? *Porque Él es la verdad.*

Hay más todavía. En Juan 14:26 Jesús asegura a los discípulos: "mas el Consolador, el Espíritu Santo, a quien el Padre enviará en mi nombre, él os enseñará todas las cosas, y os recordará todo lo que yo os he dicho". Es cierto que los términos específicos de esta promesa estaban dirigidos a los discípulos que habrían de convertirse en los apóstoles de la iglesia primitiva. Como vimos antes, el Espíritu Santo fue enviado por el Padre para guiarles y capacitarles en la redacción de las Escrituras inspiradas. No obstante, la promesa del Espíritu Santo que Jesús hizo se extiende a todos los creyentes de todos los tiempos. Dios planta el Espíritu Santo en su vida y así le guía a cada vez más verdad.

Esto no es todo. Dios también suministra el libro de texto para aprender la verdad. En Juan 17:17 Jesús oró por sus discípulos y dijo: "santifícalos en tu verdad; tu palabra es verdad". Ahora bien, ¿dónde está la Palabra de Dios? En las Escrituras.

De manera pues que tenemos a Cristo, la verdad encarnada. Tenemos al Espíritu Santo, nuestro consolador y guía, y además tenemos el libro de texto que es la Biblia, la Palabra de Dios inspirada e infalible. Nuestro apego a todo esto nos permite conocer y practicar la verdad, y al descubrir la verdad, como garantiza Jesús en Juan 8:32, somos hechos libres. ¿Libres de qué? De las cadenas de la muerte espiritual, de la prisión del pecado, del poder subyugador del diablo, de la búsqueda infructuosa de la verdad, de las frustraciones de tener que contentarse con el nihilismo, ¡de darse por vencido y del yin yang!

La apariencia de libertad

Si volvemos a la escena de Juan 8, notamos que los judíos que escucharon a Jesús no dieron una respuesta muy positiva. En lugar de aceptar su oferta, levantaron un muro de justificaciones egoístas. En Juan 8:33 les oímos decir que son descendientes de nada más y nada menos que Abraham, y que nunca habían sido esclavos de nadie. ¿Cómo podía decirles Jesús que iban a ser libres? ¿Quién de ellos podría apreciar una oferta así? Parece que la memoria les falló, porque en ese mismo momento los judíos estaban en servidumbre inclemente al imperio romano y antes de eso fueron sometidos por los sirios y los griegos. Asimismo, ya habían sido dominados por los babilonios y mucho antes habían sido esclavizados por los egipcios. Cada vez que celebraban la pascua recordaban cómo Dios les había librado de cada era de esclavitud.

Sin embargo, vamos a concederles el beneficio de la duda y a suponer que no hablan aquí de libertad política sino más bien de a libertad de su espíritu y de su alma. Tal vez quisieron decir: "en nuestros corazones somos libros porque somos los escogidos de Dios". Este es un argumento más razonable pero no menos endeble. Creyeron que iban a entrar al cielo pegados a la túnica de Abraham. Creyeron que Dios les aceptaría y justificaría a causa de su identidad racial. Estaban tan seguros de que iban a salvarse por los méritos de Abraham, que levantaron un muro que Jesús no pudiera penetrar. Él les ofreció libertad pero ellos se convencieron de que no la necesitaban y que tampoco le necesitaban a Él.

Estos judíos tercos son una ilustración perfecta de un principio básico de las Escrituras: usted no puede dar de beber a alguien que no tenga sed. No puede dar alimento sin que exista el hambre. No puede dar libertad a una persona que no es consciente de su esclavitud.

Jesús vio el obstáculo espiritual pero no se dio por vencido, así que pronunció su diagnóstico infalible: "de cierto, de cierto os digo, que todo aquel que hace pecado, esclavo es del pecado" (Jn. 8:34).

Jesús llegó sin rodeos a la razón fundamental de la actitud hipócrita y pretenciosa de ellos. Confrontó a los judíos con su propio pecado y ellos sabían que tenían bastante de eso. De hecho, Juan emplea en este versículo la palabra griega *doulos*, que significa esclavo encadenado y alude a la variedad más abyecta y denigrante de servidumbre. Jesús les dijo, en efecto: "ustedes creen que son libres, pero son los esclavos más oprimidos de todos".

La promesa de libertad

No obstante, Jesús no deja a sus oyentes judíos en la opresión y la esclavitud del pecado. Primero les da una advertencia seria que no deja de sonar como una invitación al arrepentimiento: "el esclavo no queda en la casa para siempre; el hijo sí queda para siempre" (Jn. 8:35). Aquí la palabra "hijo" tiene una "*h*" minúscula, porque Jesús no se refiere a sí mismo sino a los hijos en general, aquellos que tienen derechos permanentes en sus hogares mientras que los esclavos carecen de derechos. Los esclavos pueden ser expulsados de una casa en cualquier momento.

¿Por qué Jesús dijo esto a los judíos? Porque la era del Antiguo Testamento había llegado a su fin, y la seguridad que mantenían en virtud de los vínculos de sangre con su antepasado Abraham había quedado sin fundamento. Los judíos estaban tan condenados a la esclavitud espiritual como los gentiles incrédulos. ¿Qué podían hacer ahora? ¿Cómo podían convertirse en hijos y dejar de ser esclavos? Jesús lo explicó de inmediato: "así que, si el Hijo os libertare, seréis verdaderamente libres" (Jn. 8:36).

El único que puede dejar en libertad a un esclavo es un heredero, una persona que tiene un lugar en la familia por derecho propio. Solo el padre o el hijo puede soltar esclavos, y esto también es verdad en el plano espiritual. Si Cristo, el Hijo, nos deja en libertad, llegamos a ser "verdaderamente libres". Todos los que creen en el Hijo y le siguen, también se convierten en hijos de Dios mismo (véase Jn. 1:12).

En unas cuantas frases poderosas, Jesús ofrece a la multitud de judíos hostiles verdad real y libertad real. ¿Aceptaron ellos su oferta generosa? Puede leer el resto de la historia en el capítulo 8 del evangelio de Juan, pero Jesús lo dice todo en el versículo 37. Aunque es cierto que los judíos son descendientes físicos de Abraham y cuentan con un legado maravilloso de la guía, la verdad y la fe de Dios, este es el diagnóstico final que Jesús hace de los judíos incrédulos: "sé que sois descendientes de Abraham; pero procuráis matarme, porque mi palabra no halla cabida en vosotros". La escena dramática continúa en aumento y llega al punto en que la multitud enardecida quiso apedrear a Jesús, pero Él salió de en medio de ellos. En conclusión, dieron la espalda a la verdad y prefirieron su esclavitud a la libertad verdadera que les ofreció Jesús.

¿Qué tan libre soy?

Es posible que usted diga ahora: "todo esto suena muy interesante, pero yo he avanzado un poco más que eso. Por lo menos ya he admitido mi necesidad. No soy esclavo del pecado, soy un hijo de Dios y lo sé. ¿Puede la Biblia ser una fuente de más verdad y libertad para mí, o ya tengo todo lo que ofrece la Palabra de Dios a los creyentes?"

También es posible que usted tenga algunas dudas que le atormentan. En Juan 8 también dice que el Hijo de Dios le hará libre por completo, pero usted no se siente siempre igual de libre. ¿Por qué no? La respuesta se encuentra en Juan 8:31: si usted permanece aferrado a la enseñanza de Cristo en verdad es su discípulo. Si continúa en la obediencia a su Palabra, usted es un verdadero estudiante a sus pies y Él tiene mucho que enseñarle.

A lo largo de la historia, cada generación ha llegado a pensar que vive en el tiempo más difícil y truculento que podría experimentar la raza humana. Nosotros no somos la excepción y en realidad tenemos buenas razones para estar preocupados. La tecnología está fuera de control y amenaza cada vez más con llevarnos a la destrucción y no al progreso. Contamos con lo mejor, lo más grande, lo más brillante y lo más abundante, pero nunca hemos estado en un problema tan gordo. El milagro de los medios audiovisuales solo ha facilitado la proliferación de la pornografía y la violencia. El milagro de la computación y la red informática, no obstante su utilidad y eficiencia, ha traído un flujo de información destructiva a nuestros hogares, y ha hecho popular la indecencia, la relatividad moral y la inmoralidad total. Puede estar seguro de que la producción de estos programas y productos será cada vez peor y más chocante. El milagro de la fisión nuclear ha traído a la humanidad hecatombes como la de Hiroshima, Nagasaki, así como la amenaza constante de una devastación mundial.

La lista podría continuar, pero el punto es obvio: la tecnología y la educación pueden ser cosas maravillosas, pero en manos del hombre pecador también pueden ser una maldición. La tecnología no es la verdad. De hecho, necesitamos de la verdad para controlar nuestra tecnología. La verdad es más que la tecnología, la información o el conocimiento. La verdad va más allá de los hechos. El hombre moderno es quien mejor ha utilizado los hechos en toda la historia, pero le hace falta la verdad, el entendimiento real del significado de las cosas, la percepción de cómo son las cosas en realidad y qué debe hacerse con ellas.

Jesús dice que nosotros podemos conocer la verdad y que su verdad nos puede hacer libres. Él nos ha dado su verdad en su Palabra. El siguiente paso importante nos corresponde a nosotros. Si decimos "sí Señor, yo creo que tienes la verdad", pero no aprendemos esa verdad, quedamos atados a nuestra ignorancia y encadenados por nuestra frustración. ¿Qué tanto de la verdad de Dios es en realidad parte de su vida? ¿Sabe usted dónde encontrar en las Escrituras la verdad acerca de Dios o del hombre, de la vida o de la muerte?[2] ¿Podría usted localizar con rapidez los pasajes que contienen la verdad divina acerca de las relaciones entre hombres y mujeres, entre esposos y esposas, entre padres e hijos, o entre amigos y enemigos?[3] La Biblia nos suministra la verdad aún acerca de lo que debemos comer y beber, al igual que cómo vivir y cómo pensar de la mejor manera. ¿Sabe usted en qué pasajes habla ella con relación a estos principios?[4]

En las Escrituras podemos encontrar lo que es correcto y lo que es erróneo. Podemos conocer lo que en realidad importa, y lo que de verdad tiene significado y propósito en la vida. Podemos aprender por qué y cómo debemos comprometer nuestra vida y saber que podemos contar con los resultados. ¡En Cristo podemos conocer la verdad, permanecer en la verdad y ser libres por la verdad!

En resumen

Jesús promete que conoceremos la verdad y la verdad nos hará libres. Nosotros ganamos acceso a su verdad al creer en Él y permanecer en su enseñanza. El reto que todo discípulo tiene es el siguiente: "¿qué tanto de las Escrituras, la verdad de Dios, puedo llamar mío en realidad? ¿Permanezco todo el tiempo en la Palabra de Cristo, o me desvío hacia el agua tibia, hacia el terreno cenagoso de la fe a medias?"

Decir que creemos en la Biblia no es suficiente. Los demonios no solo creen sino que además tiemblan. Algunos de nosotros decimos que creemos y ni siquiera nos movemos, pero la verdad es que siempre deberíamos llevar nuestra vida cristiana conforme a la Palabra de Dios.

Los cristianos no pueden afirmar que "se las saben todas", y lo cierto es que no necesitan saberlo todo porque Dios está siempre en control. Él ya ha dado a los cristianos la verdad que necesitan en su Palabra y en su Hijo, Jesucristo. Sin embargo, para poder apropiarse de las verdades de la Biblia y aplicarlas, los cristianos deben permanecer siempre aferrados a la Palabra y estudiarla. Recursos como *La Biblia de estudio MacArthur* y varios diccionarios bíblicos excelentes pueden ser de mucha ayuda en este proceso, pero al fin de cuentas, los cristianos deben regresar a la Biblia una y otra vez para fundamentarse en la enseñanza de cristiano, en la verdad que les puede hacer libres.

Capítulo once

¿CÓMO NOS REVELA LA PALABRA DE DIOS LA VOLUNTAD DEL SEÑOR?

uchas veces, al considerar temas espirituales con alguien, tarde o temprano llegamos a la pregunta sobre qué es lo que quiere Dios en una situación dada: cómo conocer la voluntad de Dios, cómo encontrar la voluntad de Dios (y algunas veces cómo evitar la voluntad de Dios), son preguntas que inquietan a la mayoría de los creyentes en Cristo.

Al lado de estas inquietudes, con frecuencia detecto cierto grado de confusión. La gente dice: "yo hago esto porque es la voluntad de Dios". Otros dicen: "yo me abstengo de hacer eso mismo, porque es la voluntad de Dios". Me enteré de cierto hombre que recomendaba poner todos los argumentos a favor de hacer algo en una columna y todos los argumentos en contra en la otra columna. ¡La columna más larga determinaba cuál era la decisión correcta! No se necesita leer o escuchar muchas noticias para darse cuenta de que la voluntad de Dios, o lo que la gente piensa que es la voluntad de Dios, recibe gran parte de la responsabilidad por muchas conductas extrañas e incluso trágicas.

Además, parece que muchas personas con las que hablo piensan que la voluntad de Dios se ha perdido. Me dicen todo el tiempo: "estoy buscando la voluntad de Dios". Siempre que escucho eso yo respondo: "¿acaso se extravió?" La idea de buscar la voluntad divina hace ver a Dios como un conejo de pascua gigante que flota en algún lugar del espacio: da brincos por el universo y se esconde en algún arbusto sideral mientras nosotros corremos por la vida y tratamos de encontrarle. De vez en cuando dice desde alguna esquina: "¡ya casi están tibios, a ver si me encuentran!"

Otros ven a Dios como algún tipo de aguafiestas cósmico al que le encanta hacer miserables o aburridas a las personas. También existe la perspectiva del carrusel de la vida que dice: "si usted encuentra la voluntad de Dios lo felicito, pero si no la encuentra no tiene de qué preocuparse porque de todas maneras va a ir al cielo".

En medio de todas estas nociones y prejuicios, ¿cómo podemos saber qué es en realidad la voluntad de Dios? ¿Será posible para nosotros conocerla? ¿Podemos aislar el concepto y diferenciarlo de todo lo demás? ¿Es realista pensar que Dios tenga una voluntad para su vida y para la mía? Yo creo que así es y que Él no la ha escondido en ninguna parte. Si Dios tiene una voluntad, Él la revelará.

Existen distintas fórmulas y sistemas que ayudan a entender la manera como Dios revela su voluntad. Algunos de ellos son excelentes, como el libro de Alan Redpath, *Getting to Know the Will of God* [Cómo llegar a conocer la voluntad de Dios]. Este autor compara el proceso de descubrir la voluntad de Dios con el pilotaje de una embarcación con la ayuda de tres instrumentos de navegación: la Biblia, el testimonio interno del Espíritu Santo y las circunstancias exteriores. Si los tres instrumentos coinciden entre sí, es correcto proseguir.[1]

En su útil libro titulado *Living God's Will* [Vivamos la voluntad de Dios], Dwight L. Carlson presenta una lista de por lo menos diez pasos específicos que deben darse para conocer la voluntad de Dios: ser obedientes, estar abiertos, usar la Palabra de Dios, orar, ser sensibles al Espíritu Santo, escuchar el consejo sabio de otros, prestar atención a las circunstancias providenciales, hacer una evaluación, concretar la decisión y tener paz sobre la decisión.[2]

Es interesante que los dos sistemas que he mencionado hablan acerca del empleo de las Escrituras. Hace unos años decidí hacer mi propio estudio para determinar cuál es la voluntad de Dios para los creyentes, *de acuerdo con su propia Palabra*. Las fórmulas fueron útiles pero yo quedé con esta inquietud: en realidad, ¿qué dice la Biblia acerca de "la voluntad de Dios"?

Por eso acudí a las Escrituras y estudié todos los pasajes que pude encontrar acerca de la voluntad de Dios. Descubrí cinco principios que todo cristiano puede aplicar para conocer la voluntad de Dios para su vida.

Primer principio: ser salvo

Entre todas las cosas que Dios quiere, de acuerdo con su Palabra, es fundamental esta promesa: "el Señor.. es paciente para con nosotros, no queriendo que ninguno perezca, sino que todos procedan al arrepentimiento" (2 P. 3:9). Encontramos la misma idea en 1 Timoteo, donde Pablo dice que Dios "quiere que todos los hombres sean salvos y vengan al conocimiento de la verdad" (1 Ti. 2:4).

En realidad la salvación es el punto de partida de la voluntad de Dios. Jesús lo aclara muy bien en un pasaje breve de Marcos. Su madre y sus hermanos llegan al lugar donde Él enseña y empiezan a preguntar por Él, y "la gente que estaba sentada alrededor de él le dijo: Tu madre y tus hermanos están afuera, y te buscan" (Mr. 3:32). Jesús "les respondió diciendo: ¿Quién es mi madre y mis hermanos? Y mirando a los que estaban sentados alrededor de él, dijo: He aquí mi madre y mis hermanos" (Mr. 3:33, 34).

Lo que Jesús quiso dar a entender fue esto: "la voluntad de Dios es que ustedes sean mis familiares por medio de la fe y no por lazos humanos de sangre".

¿Qué tanto estuvo Dios dispuesto a que fuéramos salvos? "Dios, que es rico en misericordia, por su gran amor con que nos amó, aun estando nosotros muertos en pecados, nos dio vida juntamente con Cristo (por gracia sois salvos)" (Ef. 2:4, 5). Dios quiso tanto que todos se salvaran, que envió a su propio Hijo a morir, para hacer posible su voluntad perfecta.

Es lamentable que no siempre sea popular decir a la gente que la voluntad de Dios para su vida es que sean salvos. Recuerdo la ocasión en que participé de una "invasión" evangelizadora en la Universidad de California en Los Ángeles. Creamos bastante revuelo al testificar a todos los que pudimos abordar por unos cuantos minutos, y al día siguiente el periódico universitario publicó en primera página un artículo sobre la sorpresiva campaña, acompañado de una caricatura que mostraba al oso *Bruin*, la mascota de la universidad, postrado en tierra con el pie de un cristiano sobre su cuello, como si el cristiano hubiera vencido en franca lid al pobre oso. El cristiano aparecía dibujado con un capuchón que cubría su cabeza y evocaba la imagen inconfundible de un miembro del *ku klux klan*.

El artículo incluía un comentario del decano, quien aseguró que se tomarían acciones disciplinarias si la campaña evangelística no se cancelaba de inmediato. También citó uno de los puntos del reglamento universitario que decía que los predios de la institución no podrían "ser utilizados para la conversión religiosa". Por supuesto que interrumpimos nuestra campaña, pero todo nos pareció muy irónico. Los estudiantes pueden asistir a esa universidad y convertirse ahí mismo en ateos, agnósticos o parapléjicos mentales porque se sienten alienados de Dios y de sus semejantes, pero "salvarse" va en contra de las reglas. Para tener acceso a la salvación uno tiene que pasar al otro lado de la calle.

¿Por qué la salvación es un tema tan poco popular en las universidades seculares? Porque se trata de la salvación del pecado, y el hombre secular no quiere responder a un mensaje que habla acerca de su propio pecado. La verdad es que allí empieza todo. Hasta que usted tenga un conocimiento y una relación personal con Jesucristo, no podrá dar el primer paso dentro de la voluntad de Dios.

Segundo principio: ser lleno del Espíritu

De acuerdo con la Palabra de Dios, el segundo paso hacia la voluntad de Dios es ser llenos del Espíritu. En el quinto capítulo de la carta que redactó para ayudar a los cristianos en Éfeso a resistir el repliegue al legalismo, Pablo dice: "mirad, pues, con diligencia cómo andéis, no como necios sino como sabios, aprovechando bien el tiempo, porque los días son malos. Por tanto, no seáis insensatos, sino entendidos de cuál sea la voluntad del Señor. No os embriaguéis con vino, en lo cual hay disolución; antes bien sed llenos del Espíritu" (Ef. 5:15-18).

Antes solía preguntarme por qué Pablo estableció un contraste entre ser llenos del Espíritu y el acto de embriagarse con vino. De alguna manera no me parecía apropiado. Al fin pude entenderlo: si usted se embriaga es porque se ha sometido al control del alcohol que ha invadido su organismo. Tan pronto el alcohol toma el control, usted se convierte en el tipo de persona que el alcohol le influye a ser. Esto es lo que significa estar "bajo la influencia" de una sustancia, y también resulta claro que los paganos del tiempo de Pablo creían que la embriaguez mejoraba la comunión con sus dioses. Pablo muestra que los cristianos no necesitan esos estímulos artificiales porque el Espíritu Santo es quien nos comunica con Dios y nos pone bajo su control y dirección.

Tuve un amigo alcohólico, y desde que cumplió los diecisiete años hasta que tuvo veintidós años dudo que haya estado sobrio más de dos semanas en cada ocasión. En sus tiempos de sobriedad era una persona callada, amable y humilde. Tan pronto se emborrachaba quedaba convertido en otra persona. Una noche me llamó y estaba tan borracho que decidí ir a su casa y tratar de ayudarle. Al entrar, él tomó una botella de whisky y la lanzó a mi cara. Como me agaché justo a tiempo, la botella estalló contra la pared y en ese momento decidí salir y regresar más tarde, cuando estuviera un poco menos bajo la influencia de sus amigos los licores.

Pablo emplea el ejemplo gráfico negativo de emborracharse para ilustrar lo que significa ser llenos del Espíritu. Al rendir usted el control al alcohol, este se pone al mando de su vida y de su conducta. Tan pronto usted se llena del Espíritu, puede esperar que el Espíritu tome el control de su vida. En ambos casos el "autocontrol" desaparece y es reemplazado por algo diferente. En ambos casos se da un abandono total al poder que uno ha ingerido o que está en su interior. Lo más asombroso de estar bajo el control del Espíritu es que uno ni siquiera tiene que hacer preguntas sino tan solo operar dentro de la voluntad de Dios.

Una forma práctica de vivir en la llenura del Espíritu es entender que se trata de que vivamos cada momento conscientes de la presencia de Jesucristo. La vida llena del Espíritu no es un gran misterio, es tan solo una conciencia permanente de Cristo.

Una nota de precaución: ser conscientes de Cristo no significa que andemos por todas partes con la frase repetitiva: "sé que estás ahí… sé que estás ahí… sé que estás ahí…" Este era el método fetichista y legalista que utilizaban los fariseos. En ocasiones eran llamados "los fariseos que se golpean y sangran", porque creían que era pecado mirar a una mujer. Cada vez que pasaba una mujer, ellos cerraban sus ojos, balbuceaban algo así como "no puedo mirar… no puedo mirar", ¡y se pegaban de frente con un árbol o una pared!

No, ser llenos del Espíritu es algo que se vive a diario, con los ojos bien abiertos, saturados con la presencia de Cristo. ¿Cómo nos saturamos de su presencia? Mediante el estudio de su Palabra. En mi propia experiencia, cuanto más me enfoco en Cristo a través de la Palabra de Dios, más se satura mi mente con los pensamientos de Dios, y en la medida en que los pensamientos de Dios saturen mi mente, mi vida entera se rinde a Él y a su control. Es lo mismo que permitir que "la palabra de Cristo more en abundancia en [nosotros]" (Col. 3:16).

Es triste que muchos cristianos traten de saltar este paso crucial en su búsqueda de la voluntad de Dios. La llenura del Espíritu debe ser un requisito previo en todas nuestras decisiones. En lugar de esto, muchos creyentes se apresuran a tomar decisiones como casarse, asistir a una universidad, aceptar un trabajo, comprar cierto tipo de automóvil, etc., y aunque oran todo el tiempo para que se haga la voluntad de Dios, todavía no han rendido el control de su vida al Espíritu Santo. No, Dios no está perdido ni escondido. Está a la vista de todos en su Palabra, por eso ¡sea salvo y de inmediato sea lleno del Espíritu!

Tercer principio: ser santificado

Una tercera enseñanza clara en la Palabra de Dios acerca de su voluntad tiene que ver con nuestra santificación, o en términos más simples y prácticos, nuestra pureza y santidad. Al escribir a los cristianos que vivían en Tesalónica, Pablo dijo: "la voluntad de Dios es vuestra santificación; que os apartéis de fornicación; que cada uno de vosotros sepa tener su propia esposa en santidad y honor; no en pasión de concupiscencia, como los gentiles que no conocen a Dios" (1 Ts. 4:3-5).

La pureza y la santidad son algunas veces términos incómodos para los cristianos, ya que les suena como a ser beatos y santurrones. En realidad, la pureza y la santidad son dos aspectos cruciales de la vida cristiana práctica.

En 1 Tesalonicenses 4:3, 4 usted puede encontrar varios principios de la pureza. El primero es muy claro: apartarse de la fornicación. Es decir, evitar todo el tiempo los pecados sexuales. ¿Quiso decir Pablo que el sexo sea malo? Por supuesto que no. La sexualidad es una parte esencial y gloriosa de la relación humana dentro del orden establecido por Dios: el matrimonio heterosexual monógamo. En cambio, la inmoralidad sexual o fornicación, se refiere a los pecados sexuales que se cometen fuera del vínculo matrimonial, desde el sexo antes del matrimonio hasta perversiones como la conducta bisexual y la homosexualidad.

Por supuesto, existe una tendencia por parte de los adultos mayores a atribuir la mayoría de los pecados sexuales a la gente joven. Los adultos mayores de treinta años hablan con preocupación de las aventuras de los adolescentes y las parejas menores de treinta años que viven juntos sin los beneficios del matrimonio.

Lo cierto es que las tentaciones sexuales y los arreglos para vivir juntos no son exclusivos de los jóvenes menores de treinta años. De hecho, es posible que existan todavía *más* problemas entre las personas de treinta, cuarenta y cincuenta años. Las luchas de los hombres en esos grupos de edad han sido bien documentadas por Jim Conway en su libro *Men in Mid-Life Crisis* [Hombres en plena crisis de la media edad].[3] Por supuesto, las mujeres también tienen sus problemas. Como una esposa lo expresó: "de repente he notado que las calles están llenas de hombres guapos. Durante muchos años mantuve los ojos cerrados, pero ahora los veo muy bien, y ya casi se han convertido en lo único que veo".[4]

Sin importar su edad, el impulso sexual es una fuerza poderosa. Si el Espíritu Santo no tiene el control, es demasiado fácil infringir los límites. ¿Cuál es el límite? Si usted se hace la pregunta, es muy probable que ya lo haya excedido.

Otro principio de la pureza que se encuentra en 1 Tesalonicenses 4:4 dice "que cada uno de vosotros sepa su propia esposa en santidad y honor". Aquí "esposa" también puede traducirse "vaso frágil" y se aplica de igual manera al propio cuerpo (cp. Ef. 5:28-30; 1 P. 3:7). Pablo quiere dar a entender que no existen excepciones ni privilegios especiales. Hay personas que no participan de manera directa en actos de inmoralidad, pero se entretienen mientras ven a otros hacerlo. Recuerdo a un grupo de estudiantes en una universidad cristiana que decidieron abusar de su libertad cristiana y mirar una película pornográfica. Por supuesto, todos se justificaron con la excusa de que jamás harían lo que tenían frente a sus ojos, pero lo cierto es que si uno mira la "pasión de concupiscencia" de "los que no conocen a Dios", es como si también hubiera cometido el pecado, por el efecto que este tiene sobre su pureza individual.

Tenga presente también que así usted pueda decir que nunca pagaría para ver material pornográfico, es posible que haya visto eso mismo en su propia casa. La televisión viene cada vez más cargada de violencia, pornografía sutil y otros tipos de basura en cada nueva temporada de programación. ¿Qué tipo de programas está viendo usted?

En la actualidad el mal, la lujuria y la inmoralidad vienen envueltos en una gran variedad de empaques llamativos. La voluntad de Dios, de acuerdo con 1 Tesalonicenses 4:3, 4 es que ningún cristiano se entretenga, se interese o se deje seducir por esas tentaciones. Que los cristianos tengan pureza y santidad no es cuestión de que se vuelvan mojigatos y santurrones, sino que se relaciona con la manera en que llevan sus vidas diarias y constituye un aspecto definitivo de hacer la voluntad de Dios. Si corremos por todas partes tratando de encontrar respuestas específicas de Dios para ciertas preguntas, pero vivimos en impureza, ¿por qué debería Él darnos respuestas si todavía no hemos obedecido una parte tan importante de su voluntad que ya nos ha revelado?

La voluntad de Dios es que seamos salvos, llenos del Espíritu y santificados, es decir, apartados para su uso exclusivo como gente pura y santa.

Cuarto principio: ser sumiso

La voluntad de Dios también tiene que ver con la sumisión. Por supuesto, esto no se aplica solo a las esposas porque me refiero aquí a la enseñanza de Pedro que aconseja a todos: "por causa del Señor someteos a toda institución humana, ya sea al rey, como a superior, ya a los gobernadores, como por él enviados para castigo de los malhechores y alabanza de los que hacen bien. Porque esta es la voluntad de Dios: que haciendo bien, hagáis callar la ignorancia de los hombres insensatos" (1 P. 2:13-15).

En pocas palabras, Pedro nos dice: "obedezcan la ley". ¿Es esta una interpretación correcta de la enseñanza de Pedro? ¿Que nos sometamos a toda autoridad y a toda ley humana? ¿Qué pasa si no estamos de acuerdo? ¿Qué decir de aquella ocasión en que Pedro y los demás apóstoles fueron llevados ante un juez y se les ordenó que dejaran de predicar y enseñar acerca de Cristo? ¿No fue Pedro mismo quien dijo: "es necesario obedecer a Dios antes que a los hombres" (Hch. 5:29)?

Es posible que en ciertos casos tengamos que elegir entre obedecer a Dios y obedecer al gobierno, pero Pedro no habla sobre estas situaciones extremas en su epístola, sino de ser buenos ciudadanos y así buenos testigos de Cristo. Por esa razón dice en seguida: "como libres, pero no como los que tienen la libertad como pretexto para hacer lo malo, sino como siervos de Dios. Honrad a todos. Amad a los hermanos. Temed a Dios. Honrad al rey" (1 P. 2:16, 17).

En cierta ocasión hablé con un hombre mientras visitaba una prisión. Se acercó a mí después de mi predicación y me dijo que el mensaje le había gustado y que había sido cristiano muchos años. Le pregunté por qué estaba en la cárcel y me explicó que no había pagado treinta multas de tráfico además de otras multas, y todo esto lo hizo mientras profesaba ser cristiano. De la manera más amable posible, le dije que si no arreglaba su vida era mejor que la gente no supiera que él era un creyente. Es cierto que la gracia de Dios puede cubrir mucho más que treinta multas de tráfico, pero la incoherencia de este hombre y la aparente falta de sinceridad en su conducta eran un mal testimonio para los demás, por decir lo menos.

No solo debemos pagar nuestros impuestos, acatar las normas de tránsito y las demás leyes del estado, sino que Pedro habla también de la sumisión en el lugar de trabajo: "criados, estad sujetos con todo respeto a vuestros amos; no solamente a los buenos y afables, sino también a los difíciles de soportar" (1 P. 2:18). Por supuesto, la mayoría de las personas no viven como criados o esclavos, pero lo cierto es que muchos de nosotros trabajamos para patronos que podrían considerarse más como amos que como jefes. A todos los que ejercen autoridad sobre nosotros, sin importar qué título lleven, Pedro dice que debemos someternos. ¿Por qué? De otra manera no podemos hacer buena publicidad para Cristo.

Si vamos a ser cristianos y a hacer la voluntad de Dios, la sumisión es parte del paquete. Vivimos en un sistema impío, y la voluntad de Dios es que tratemos de ser gente ejemplar. Esto no solo incluye obedecer leyes y acatar patronos, sino que también incluye el respeto a todos. Escuché una historia que ilustra muy bien la necesidad de ser menos beligerantes y altivos y más amables y agradables. Parece que este cristiano conducía su automóvil por la calle y de repente alguien empezó a tocar la bocina sin parar.

Al parecer nuestro amigo cristiano iba despacio y pensó que algún "cretino impaciente" que iba detrás de él quería adelantarlo. Empezó a irritarse y al llegar a un semáforo en rojo salió del automóvil, caminó apresurado hacia el automóvil del conductor estridente y le dijo: "si no deja de tocar esa bocina, yo le…" En ese momento el hombre le respondió: "lo siento mucho, es que vi la calcomanía que tiene en su auto y que dice: 'toca la bocina si amas a Jesús'. ¡Tan pronto la vi empecé a pitar!" Este principio de sumisión es tan importante como los demás. Si buscamos la guía específica de Dios sobre algún asunto sin ser la clase de ciudadanos que Él quiere que seamos, la clase de empleados que debemos ser y la clase de personas que debemos ser en nuestra relación con los demás, no vamos a recibir esa dirección divina. Nosotros debemos obedecer la voluntad de Dios que Él nos ha revelado con claridad: ser salvos, ser llenos de su Espíritu, ser santificados y ser sumisos. Lo demás se resuelve por sí solo.

Quinto principio: padecer por Cristo

El quinto y último principio que la Biblia enseña acerca de la voluntad de Dios es que debemos estar dispuestos a sufrir. Casi todos nosotros pensamos que estamos aprobados en esta área. Todos creemos que somos mártires porque nos toca aguantar las indignidades que nos haga pasar cualquiera, trátese de nuestra suegra o de nuestros hijos. Sin embargo, Pedro no habla en este pasaje acerca de incomodidades y frustraciones cotidianas. Pedro escribió sus dos epístolas a cristianos que sufrían hasta la muerte por su fe. Por esa razón dijo:

> Amados, no os sorprendáis del fuego de prueba que os ha sobrevenido, como si alguna cosa extraña os aconteciese, sino gozaos por cuanto sois participantes de los padecimientos de Cristo, para que también en la revelación de su gloria os gocéis con gran alegría. Si sois vituperados por el nombre de Cristo, sois bienaventurados, porque el glorioso Espíritu de Dios reposa sobre vosotros. Ciertamente, de parte de ellos, él es blasfemado, pero por vosotros es glorificado. Así que, ninguno de vosotros padezca como homicida, o ladrón, o malhechor, o por entremeterse en lo ajeno; pero si alguno padece como cristiano, no se avergüence, sino glorifique a Dios por ello… De modo que los que padecen según la voluntad de Dios, encomienden sus almas al fiel Creador, y hagan el bien. (1 P. 4:12-16, 19)

Si tiene problemas con su esposa, sus parientes o su pastor, es probable que sea culpa suya, al menos en parte. Pedro habla aquí de *sufrir por hacer el bien*, por vivir una vida piadosa en una sociedad impía. Si usted de verdad vive como Dios quiere, es inevitable que experimente oposición del mundo. Cada vez que usted sufre por mantenerse firme en sus convicciones y confrontar al mundo con denuedo por causa de Jesucristo, esa es la voluntad de Dios.

Por supuesto, muy pocos de nosotros en el mundo occidental conocemos mucho acerca de sufrir por Jesús, yo incluido. Sin embargo, alcancé a probar un poco ese sufrimiento al predicar en un colegio secular sobre el tema "cristianismo y cultura". Hablé algunos minutos sobre la cultura y después acerca de por qué Jesús es el Mesías. La institución educativa tenía una presencia judía predominante, así que ese tema me pareció apropiado en una discusión sobre cultura. La reunión fue muy interesante y dinámica porque todos presentaron opiniones muy diferentes al respecto. Por mi parte, levanté mi cabeza, confié en Dios y canté mis verdades tal como las creo.

En los días siguientes, recibí cartas en las que amenazaban poner una bomba en mi iglesia. En una llamada anónima me dijeron que la iglesia estallaría en pedazos durante un culto del domingo, y también recibí llamadas obscenas en mi casa a altas horas de la noche.

A través de esa experiencia, probé un poco lo que es el sufrimiento, pero lo mejor de todo es que algunas personas fueron salvas. Recuerdo en particular a un joven llamado Dan, quien vino a verme no mucho tiempo después de escuchar mi mensaje sobre "cristianismo y cultura". Tuve el privilegio de conducirle a Cristo, y él llegó a convertirse en un miembro activo de nuestra congregación.

Aunque no debemos tratar de experimentar dolor y sufrimiento, debemos estar dispuestos a llevar nuestra fe en alto, así esto implique persecución y sufrimiento. El Espíritu y la gloria de Dios reposarán sobre nosotros en medio de nuestro sufrimiento.

En resumen

Existen una gran cantidad de preocupación y confusión en cuanto a la voluntad de Dios, pero el asunto está muy lejos de ser un misterio. La voluntad de Dios no está extraviada[5] ni es un premio de consolación que algunos ganan y otros no pero al fin de cuentas no importa.

Por otro lado, existen muchas fórmulas y sistemas excelentes para aprender la voluntad de Dios, pero el mejor sistema es la lectura humilde de la Biblia para descubrir lo que enseña acerca de la voluntad de Dios:

Él quiere que seamos salvos (véase 2 P. 3:9).

Él quiere que seamos llenos del Espíritu (véase Ef. 5:15-18).

Él quiere que seamos santificados (véase 1 Ts. 4:3, 4).

Él quiere que seamos sumisos (véase 1 P. 2:13-15).

Él quiere que estemos dispuestos a sufrir por Él (véase 1 P. 4:12-19).

Tal vez usted diga: "todos estos principios bíblicos son buenos, pero en realidad son demasiado generales. ¿Cómo puedo tomar decisiones acerca de qué estudiar, en qué trabajar, con quién me casaré, si debo comprar automóvil o casa, tener hijos o no, y el millón de otras decisiones que tendré que tomar como parte de mi vida y de mi testimonio cristiano?"

Pues bien, yo tengo otro principio muy simple para hacer la voluntad de Dios, y tal vez le suene demasiado bueno como para ser verdad. Si usted es una persona salva, llena del Espíritu, santificada, sumisa y dispuesta a sufrir, ¡haga todo lo que quiera! ¿Todo lo que quiera? Es correcto. Si usted obedece la Palabra de Dios en las cinco áreas que se discutieron en este capítulo, es porque Dios *ya* tiene control sobre sus apetitos y sus anhelos, y el hecho es que en su vida Él es quien "produce así el querer como el hacer, por su buena voluntad" (Fil. 2:13). "Deléitate asimismo en Jehová, y él te concederá las peticiones de tu corazón" (Sal. 37:4). Si usted se deleita en el Señor, él le dará los deseos de su corazón porque serán los deseos perfectos que Él tiene para usted.

Capítulo doce

¿CÓMO NOS AYUDA LA PALABRA DE DIOS A CRECER EN NUESTRA VIDA ESPIRITUAL?

lguna vez ha conocido a una persona que no ha madurado como debía? Es muy triste encontrar, por ejemplo, a un hombre de treinta años de edad con la mente de un recién nacido o de un niño de tres años. A causa de algún daño cerebral o como resultado de otro desorden físico, este tipo de personas no se desarrollan. Sus cuerpos crecen en cierta medida, pero quedan estancados de por vida en un nivel infantil y son incapaces de experimentar crecimiento y madurez en las demás áreas.

Debería sentirse la misma consternación al ver cristianos que no se desarrollan y maduran. Sufren de retardo espiritual y nunca se convierten en aquello que Dios tenía en mente para ellos. Si usted trata de confrontar a estos creyentes, muchos negarán que su meta sea el crecimiento escaso o ningún crecimiento en absoluto. De hecho, es posible que se irriten y le digan que sí han crecido, pero "a su propio paso". Es cierto que todos quieren crecer, lo que pasa es que algunas personas quieren crecer sin hacer mucho esfuerzo, y ahí radica el problema.

Mientras estuve en la universidad, malgasté mi tiempo y no tuve mucho crecimiento espiritual, si acaso llegué a experimentarlo. Sin embargo, al entrar al seminario experimenté la Palabra de Dios como nunca antes lo había hecho. Durante mi tiempo en el seminario aprendí a hacer un estudio sistemático de la Biblia. Así empecé a crecer, y desde entonces he descubierto que mi crecimiento espiritual está en proporción directa con la cantidad de tiempo y esfuerzo que dedico al estudio de las Escrituras. Sé que muchos cristianos a quienes he ministrado o con quienes he trabajado, estarán de acuerdo conmigo.

Si los creyentes no están en un proceso de crecimiento es porque han fallado en permanecer en la Palabra de Dios. Así vayan a la iglesia y participen en diversas actividades, se quejan de no obtener mucho beneficio de la iglesia o de la vida cristiana. Son débiles y se rinden con facilidad al verse enfrentados a tentaciones, pruebas, problemas y retos. Les falta energía para hacer cosas grandes para el Señor.

Sus almas mueren de hambre por falta de alimento espiritual adecuado. La Biblia se describe a sí misma como leche, pan y carne, pero muchos cristianos quieren alimentar su vida espiritual con gaseosas, papas fritas y dulces. No crecen porque rehúsan alimentarse bien, y es irónico que la solución a sus problemas es el alimento que rechazan todos los días: la Palabra de Dios.

Qué se debe comer para tener crecimiento espiritual

Hay diferentes pasajes bíblicos excelentes que hablan sobre el crecimiento espiritual, pero tal vez el mejor, y por cierto el más básico, se encuentra en la primera epístola de Pedro. El apóstol Pedro escribió dos cartas del Nuevo Testamento, dirigidas a cristianos que estaban bajo una persecución intensa. Como ellos habían predicado que el mundo sería destruido por el fuego, las autoridades romanas sospechaban de sus motivos y les veían como una amenaza a la seguridad del imperio. El mensaje de Pedro para ellos es claro: no se preocupen, pongan su esperanza en Cristo y aprendan a vivir en su luz y no conforme a sus circunstancias presentes.

Es posible que los cristianos que leyeron las epístolas de Pedro no estuvieran muy preocupados por su crecimiento espiritual en medio de la situación precaria en la que se encontraban. Ante todo estaban concentrados en sobrevivir, pero desde el principio de su carta Pedro les dijo que parte de la razón para que tuvieran esperanza era la Palabra viva de Cristo:

Habiendo purificado vuestras almas por la obediencia a la verdad, mediante el Espíritu, para el amor fraternal no fingido, amaos unos a otros entrañablemente, de corazón puro; siendo

129

renacidos, no de simiente corruptible, sino de incorruptible, por la palabra de Dios que vive y permanece para siempre. Porque: Toda carne es como hierba, y toda la gloria del hombre como flor de la hierba. La hierba se seca, y la flor se cae; mas la palabra del Señor permanece para siempre. Y esta es la palabra que por el evangelio os ha sido anunciada. Desechando, pues, toda malicia, todo engaño, hipocresía, envidias, y todas las detracciones, desead, como niños recién nacidos, la leche espiritual no adulterada, para que por ella crezcáis para salvación, si es que habéis gustado la benignidad del Señor. (1 P. 1:22—2:3)

Una de las muchas afirmaciones que la Biblia hace sobre ella misma es que es una Palabra viva. En Filipenses 2:16 Pablo la llamó "la palabra de vida". Hebreos 4:12 dice: "la palabra de Dios es viva y eficaz". Aquí Pedro dice que "la palabra de Dios vive y permanece para siempre" (cp. 1 P. 1:23*b*). Estas son las declaraciones más significativas e importantes acerca de la Biblia, porque es a través de esta Palabra viva que nacemos de nuevo y podemos aspirar a la vida espiritual. Es por medio de la Palabra viva que crecemos en Cristo.

La Palabra de Dios está viva y produce vida

La Palabra de Dios es lo único que conocemos, aparte de la Trinidad misma, que tiene vida en un sentido eterno. En el mundo que nos rodea, todo lo que llamamos "vivo" en realidad está en proceso de morir. Lo que llamamos "la tierra de los vivientes" podría llamarse mejor "la tierra de los moribundos", porque dondequiera que usted mire, la muerte realiza su obra de degradación y destrucción. En cierto sentido la muerte es el monarca de este mundo, pero en medio de esta realidad de descomposición y muerte, la Palabra de Dios se mantiene con vida verdadera y permanente. La corrupción de este mundo no puede tocar la Palabra de Dios, no puede restringir su validez, no puede deteriorar su realidad ni descomponer su verdad.

La Palabra de Dios está más viva que cualquiera de nosotros, como

Pedro cita de Isaías 40:6-8: "toda carne es como hierba, y toda la gloria del hombre como flor de la hierba. La hierba se seca, y la flor se cae; mas la palabra del Señor permanece para siempre" (1 P. 1:24, 25). *Una de las muchas señales de vida de la Palabra de Dios es su frescura perenne.* En cada generación y en la vida de cada persona que la toma en sus manos, la Biblia es viva, vivificante y fresca. Yo mismo he leído una y otra vez ciertas partes de la Biblia, y cada vez siento como si fuera algo nuevo. Muchas veces me dan ganas de memorizar esos pasajes para no tener que volver a buscar el texto, pero en muchos casos lo tengo que hacer porque apenas empiezo a entender lo que quiere decir en mi vida. En cierta ocasión leí noventa veces la carta a los colosenses en el transcurso de noventa días. Después de esto, Colosenses sigue siendo un misterio para mí que apenas empiezo a vislumbrar, y cada vez que la leo experimento emociones nuevas y visiones frescas de la gloria de Dios.

Otra evidencia de que la Palabra de Dios es viva y eficaz es que nunca se vuelve obsoleta. Usted puede encontrar en la parte trasera de las bibliotecas una gran cantidad de libros obsoletos y otros materiales que han perdido vigencia. En años recientes, ciertos descubrimientos científicos han vuelto obsoletos cientos de libros y teorías, mientras que las verdades eternas de la Biblia no tienen fecha de expiración, y están tan actualizadas como la siguiente generación de hombres y mujeres que necesitan su mensaje oportuno con la misma urgencia de ayer y hoy.

Una de las razones más convincentes para decir que la Palabra de Dios está viva es su poder. La Biblia discierne corazones y tiene una capacidad para exponer lo que hay en mi interior que me hace estremecer. A través de la Biblia, el Espíritu Santo me abre por completo y me revela mis fallas, mis necesidades, mi debilidad y mi pecado. No es sorpresa que Hebreos 4:12 nos diga que "la palabra de Dios es viva y eficaz, y más cortante que toda espada de dos filos; y penetra hasta partir el alma y el espíritu, las coyunturas y los tuétanos, y discierne los pensamientos y las intenciones del corazón".

La más importante razón es que la Palabra de Dios es viva porque produce crecimiento. Como Pedro dice: "siendo renacidos, no de simiente corruptible, sino de incorruptible, por la palabra de Dios que vive y permanece para siempre" (1 P. 1:23). El gran misterio de cualquier ser viviente es su poder para reproducirse. La reproducción es la especialidad de la Palabra de Dios, porque la única manera de ser un "hijo de Dios" es nacer "por la palabra de Dios". Siempre que la Palabra de Dios es escuchada y recibida con sinceridad en un corazón que ha sido preparado por Dios, esa Palabra, fertilizada por el Espíritu Santo, se convierte en una simiente espiritual que es incorruptible e imperecedera. Esa semilla es el germen de una criatura nueva y salta a la vida tan pronto el oyente de la Palabra cree para convertirse en un hijo de Dios.

Jesús ilustra el mismo concepto en su parábola del sembrador en Lucas 8. El sembrador sale a sembrar y una parte de la semilla cae en el camino, otra parte entre las piedras, otra parte donde había espinos, y otra parte en buena tierra para producir mucho más fruto. En su explicación de la parábola a los discípulos, Jesús dice: "la semilla es la palabra de Dios. Y los de junto al camino son los que oyen, y luego viene el diablo y quita de su corazón la palabra, para que no crean y se salven" (Lc. 8:11, 12).

El ingrediente principal que una persona necesita para creer y ser salva es la Palabra de Dios. Por eso es el único ingrediente que Satanás trata de quitar. Si Satanás no lo quita, el resultado es vida. Preste atención a las palabras de Jesús en Lucas 8:15: "mas la que cayó en buena tierra, éstos son los que con corazón bueno y recto retienen la palabra oída, y dan fruto con perseverancia". En Juan 6:63 encontramos otra confirmación del poder de la Palabra para traer vida: "el espíritu es el que da vida; la carne para nada aprovecha; las palabras que yo os he hablado son espíritu y son vida". La Palabra de Dios, en las manos del Espíritu Santo, es el agente dador de vida para todo aquel que cree. El Espíritu de Dios produce vida mediante la aplicación de la Palabra de Dios.

Cómo dejar la chatarra espiritual

Una razón por la que muchos cristianos sufren de desnutrición espiritual es que viven con una dieta de comida chatarra en lo que respecta al desarrollo del carácter espiritual. Pedro lo sabía muy bien y por eso dice: "desechando, pues, toda malicia, todo engaño, hipocresía, envidias, y todas las detracciones" (1 P. 2:1). La palabra griega que se traduce "desechando" significa "quitarse los harapos". Esa misma idea se expresa en Hebreos 12:1: "despojémonos de todo peso y del pecado que nos asedia". Pedro habla acerca de cinco cosas muy específicas de las que deberíamos despojarnos en nuestra vida: malicia, engaño, hipocresía, envidias y detracciones.

Malicia es una palabra que se utilizaba como referencia general a la maldad. En el tiempo de Pedro significaba "pecado pagano", es decir, la maldad que caracterizaba al mundo que rodeaba a la iglesia cristiana. Pedro no recomienda que desechemos en parte la malicia, sino que exige el desecho de *toda malicia*. Los cristianos de hoy no son diferentes de los cristianos del primer siglo. A muchos de nosotros nos gusta jugar al cristianismo mientras conservamos prácticas y valores mundanos en nuestra vida, pero no hay lugar en la vida del cristiano para la basura del mundo.

Un joven se acercó a un gran erudito bíblico y le dijo: "profesor, yo daría el mundo entero con tal de conocer la Biblia como usted la conoce".

El maestro le miró a los ojos y dijo: "¡ese es el precio exacto que tienes que pagar!" Si queremos crecer, si queremos desarrollarnos en todo nuestro potencial, cada uno de nosotros debe examinarse y reconocer esos residuos y hábitos del mundo que todavía conservamos y que impiden nuestro crecimiento y nuestra maduración.

Todo engaño también debe ser desechado, y en la raíz del engaño están los motivos impuros que conducen al engaño deliberado de los demás. Lo cierto es que al fin de cuentas el engaño resulta más costoso que la honestidad.

Esta es una lección difícil que los niños deben aprender. Yo digo a mis propios hijos: "en realidad sale más caro mentir, porque cada vez que descubro una mentira van a ser castigados con más severidad que si me hubieran dicho la verdad". He tenido que poner esto a prueba en varias ocasiones y siempre es una lección dura para todos: para mí es difícil enseñarla y para ellos es difícil aprenderla, pero siempre vale la pena.

Hipocresía es otra actitud que los cristianos deberían desechar en sus vidas, así como la gente sana se abstiene de consumir comida chatarra. La hipocresía es un quiste natural del engaño. Los no cristianos siempre dicen que la iglesia está llena de hipócritas, y lo cierto es que tienen razón.

Los cristianos responden a esta acusación diciendo que la iglesia, donde la gente puede oír el evangelio y aprender sobre la Biblia, es el mejor refugio de los hipócritas, pero como Pedro lo demuestra, no podemos contentarnos con decir: "es bueno estar en una iglesia donde aprendemos a lidiar con nuestra hipocresía, nuestro engaño, nuestra malicia y otros problemas".

Nunca se sienta conforme con toda esa basura que sigue afincada en su vida. ¡Despójese de ella de una vez por todas! No hay lugar en la vida de un cristiano sincero para la hipocresía. Si un cristiano trata de justificar su hipocresía, abusa de la gracia de Dios y así se convierte en un hipócrita más grande y descarado.

Envidias corresponde a una cuarta actitud que debe purgarse por completo en la vida del cristiano. En sus componentes más básicos, la envidia es egocentrismo puro. La envidia siempre es la última actitud que muere porque solo se extingue con la muerte del yo, y como bien lo sabemos la mayoría de cristianos, es difícil matar el ego.

¿Cuántas iglesias han sido arruinadas, cuántas organizaciones misioneras han sufrido a causa de la disensión, cuántas familias han sido destruidas, todo por causa de la envidia? En su epístola, Santiago coincide con Pedro en advertir a los cristianos acerca de la influencia diabólica que está presente en la envidia: "pero si tenéis celos amargos y contención en vuestro corazón, no os jactéis, ni mintáis contra la verdad; porque esta sabiduría no es la que desciende de lo alto, sino terrenal, animal, diabólica. Porque donde hay celos y contención, allí hay perturbación y toda obra perversa" (Stg. 3:14-16).

Detracciones de todo tipo y calumnias (hablar mal de otra persona), es la quinta actitud que debe desaparecer de la vida cristiana. En pocas palabras, Pedro nos dice: "¡no más chismes!" El chisme es quizá el pecado más atractivo para los cristianos. Todos manifestamos cierto desdén por los chismosos y asentimos con vigor cada vez que el predicador condena el chisme desde el púlpito, pero tan pronto salimos de la iglesia empezamos a chismear. Por supuesto, somos muy astutos para enmascarar nuestros chismes con expresiones como: "estoy tan preocupado por fulano de tal"; o "cuéntame qué pasó con tal y tal para que pueda orar por ellos". Demasiados chismes se han escondido bajo el disfraz de la oración intercesora.

Debe advertirse que esos cinco platillos de "comida chatarra espiritual" están en un solo y muy práctico menú. Cada actitud se alimenta de la otra a medida que nutre la vida del cristiano que las mantiene en su dieta diaria. El fruto de la malicia es con frecuencia el engaño y la mentira, y el engaño conduce a la hipocresía, que a su vez produce envidia. Luego el fruto de la envidia es calumniar a otros y decir chismes, lo cual a su vez genera más malicia y empieza de nuevo el círculo vicioso. Por supuesto, el problema es que esa basura tiene un sabor tan agradable como el de la comida chatarra a la que nos hemos acostumbrado. Hemos adquirido cierto gusto y afición por estos malos hábitos y nos resulta difícil romperlos. Lo que necesitamos es empezar a alimentarnos de algo diferente a fin de cambiar nuestras papilas gustativas, y de esto habla Pedro a continuación.

Alimentarse de la Palabra de Dios para crecer

El reemplazo obvio de la comida chatarra en la dieta de cualquier persona es el alimento sano y nutritivo. Pedro sabe que la cura de la desnutrición espiritual es una dieta regular basada en la Palabra de Dios. Por eso dice: "desead, como niños recién nacidos, la leche espiritual no adulterada, para que por ella crezcáis para salvación, si es que habéis gustado la benignidad del Señor" (1 P. 2:2, 3). Pedro dijo a sus lectores que ya habían "gustado la benignidad del Señor" al dar ese primer paso hacia la salvación. La simiente incorruptible había brotado y ya habían empezado a alimentar la vida nueva que había nacido en su interior. Por eso deberían desear la Palabra como un bebé desea la leche materna. La leche es crucial para el crecimiento de un bebé, y la Palabra de Dios es crucial para el crecimiento de un cristiano.

Pablo tenía la misma idea al escribir a los cristianos en Tesalónica: "antes fuimos tiernos entre vosotros, como la nodriza que cuida con ternura a sus propios hijos" (1 Ts. 2:7). Pablo comunicó la misma noción al escribir para animar a Timoteo a mantenerse firme en contra de la apostasía: "si esto enseñas a los hermanos, serás buen ministro de Jesucristo, nutrido con las palabras de la fe y de la buena doctrina que has seguido" (1 Ti. 4:6).

Aunque debemos desear la Palabra como un bebé desea la leche, la Palabra también es carne. Así como el cuerpo humano necesita otros alimentos aparte de la leche para obtener una nutrición adecuada, nuestra alma necesita más que leche espiritual. Algunos cristianos hacen bien en desechar la comida chatarra de su vida espiritual, pero tal vez se contentan demasiado con una botella semanal de leche que el predicador les prepara cada domingo. Fallan porque no abren la Palabra de Dios por sí mismos para obtener su propio alimento, y se niegan a probar y masticar comida espiritual más sólida.

La nutrición espiritual verdadera del creyente se encuentra en la Palabra de Dios, pero como Pablo dijo a los corintios, la Palabra de Dios es mucho más que simple leche (véase 1 Co. 3:1, 2). La leche nos ayuda a tener un buen comienzo en nuestro crecimiento, pero también necesitamos ingerir alimento sólido, aquellas verdades espirituales profundas y ricas que Dios quiere darnos para que de verdad podamos cambiar y convertirnos en lo que Él quiere que seamos.

Ingiera toda la Palabra de Dios y sea testigo de su propia transformación

La mayoría de los cristianos no solo quieren crecer, sino que también quieren ser diferentes. Esto es lo que la Biblia llama ser renovados o transformados en siervos de Cristo más poderosos y eficaces. De esto mismo habla Pablo en Romanos 12:2, al decir: "no os conforméis a este siglo, sino transformaos por medio de la renovación de vuestro entendimiento, para que comprobéis cuál sea la buena voluntad de Dios, agradable y perfecta". Como lo sabe bien todo cristiano, el entendimiento viejo sigue allí, con sus hábitos de interés egoísta, su apetito de sensaciones e imaginaciones vanas, y su gusto por todo lo vil y terrenal.

La carne es aquello que nos hace volver a consumir comida chatarra. La carne es el enemigo sutil que nos mantiene contentos con leche espiritual cuando deberíamos ya comer alimento espiritual sólido. La carne nos impide ser transformados e interfiere con nuestro compromiso con Cristo y su Palabra. Por culpa de la carne damos vueltas y vueltas sin ser capaces de descubrir el secreto del éxito espiritual. Esto se debe a que la clave del misterio está frente a nuestras narices.

Pablo presenta una explicación clara de esta situación en 2 Corintios 3:14-18. A medida que describe las glorias del nuevo pacto que los cristianos tienen con Dios, él se refiere al tiempo de Moisés y los israelitas. En cierto punto, tras haber estado en la presencia de Dios, el rostro de Moisés resplandeció tanto con la gloria de Dios, que fue necesario colocar un velo para que no cegara al pueblo. No obstante, por glorioso que haya sido el ministerio de la ley que Moisés ejerció entre los israelitas, Pablo dice que no se compara con "la gloria más eminente" del evangelio de Jesucristo y el nuevo pacto que Él estableció con su muerte y resurrección (véase 2 Co. 3:7-11). Pablo dice además que en vista de que contamos con una esperanza tan maravillosa en Cristo, nosotros podemos ser muy audaces: "así que, teniendo tal esperanza, usamos de mucha franqueza; y no como Moisés, que ponía un velo sobre su rostro, para que los hijos de Israel no fijaran la vista en el fin de aquello que había de ser abolido. Pero el entendimiento de ellos se embotó; porque hasta el día de hoy, cuando leen el antiguo pacto, les queda el mismo velo no descubierto, el cual por Cristo es quitado" (2 Co. 3:12-14). Pablo dice aquí que los judíos de su tiempo que no conocieron a Cristo, eran incapaces de entender el evangelio porque sus mentes estaban veladas. No podían ver al Señor porque el velo del antiguo pacto (la ley) les estorbaba el camino.

Pablo procede a decir que ese velo sigue puesto y que solo "por Cristo es quitado. Y aun hasta el día de hoy, cuando se lee a Moisés, el velo está puesto sobre el corazón de ellos. Pero cuando se conviertan al Señor, el velo se quitará. Porque el Señor es el Espíritu; y donde está el Espíritu del Señor, allí hay libertad" (2 Co. 3:14-17).

En seguida Pablo llega al pensamiento que más me interesa en este contexto: "por tanto, nosotros todos, mirando a cara descubierta como en un espejo la gloria del Señor, somos transformados de gloria en gloria en la misma imagen, como por el Espíritu del Señor" (2 Co. 3:18). En estas bellas palabras, Pablo nos dice que podemos ser cambiados y transformados en la imagen y la gloria del Señor mismo. Es algo muy sencillo, según dice el apóstol. Nosotros no nos cambiamos a nosotros mismos, tan solo nos fijamos en el rostro de Jesucristo, ¡y el Espíritu de Dios hace una realidad nuestra transformación!

Tal vez diga que solo hay un problema: "si se supone que solo debo mirar la gloria del Señor, ¿dónde es que la puedo encontrar?" Por supuesto, la respuesta a esa inquietud se encuentra *en la Palabra de Dios*.

Si persevera en aprender y contemplar la gloria de Dios en su Palabra, el Espíritu de Dios le transformará en la imagen de Jesucristo. Es así de sencillo (y así de difícil). El problema es que muchos cristianos buscan atajos en el sendero del crecimiento, y en tiempos recientes han tratado de dar saltos cuánticos hacia la "super espiritualidad". Lo cierto es que no existen atajos para el crecimiento.

El acontecimiento más grandioso que sucedió en mi vida, al lado de mi salvación, fue el día en que aprendí a estudiar la Palabra de Dios. He descubierto que cuanto más tiempo, intensidad y devoción dedico para contemplar la gloria de Jesucristo a través de las páginas de las Escrituras, el Espíritu de Dios transforma cada vez más mi vida en la imagen de Cristo. No hay fórmulas ni vericuetos secretos. Si voy a crecer, madurar y ser transformado por completo, debo alimentarme a diario de la Palabra de Dios.

En resumen

Es muy triste ver la falta de crecimiento en una persona o en cualquier otra creación divina o humana. En especial resulta trágico ver esto en los cristianos, y lo cierto es que hay demasiados creyentes que no parecen haber crecido mucho en su fe. La causa principal de su falta de crecimiento es que no han leído y estudiado la Palabra de Dios.

En 1 Pedro 1:23-2:3, el gran apóstol compara la Palabra de Dios con dos cosas que son vitales para la vida y el crecimiento: una simiente incorruptible y la leche de la Palabra. Como Cristo enseñó en su parábola del sembrador, la Palabra de Dios es como una semilla que produce el nuevo nacimiento. Así como la semilla contiene el poder y la energía de la vida física, la Palabra de Dios hace lo mismo en la vida espiritual.

Antes de que un cristiano pueda obtener máximo provecho de su alimentación a base de la Palabra de Dios, necesita despojarse de la "dieta de comida chatarra" que es tan sabrosa para la carne y que todos los creyentes todavía tienen en su interior. Pedro identifica esta dieta destructiva e inservible con los males mundanos de la malicia, el engaño, la hipocresía, la envidia y el chisme. Si queremos cambiar nuestra dieta, debemos empezar con la leche pura de la Palabra de Dios. Necesitamos pasar tiempo en la lectura y el estudio de la Biblia, con la ayuda de recursos como *La Biblia de estudio MacArthur*, los diccionarios bíblicos y varios comentarios. La inmersión completa en la Palabra de Dios garantizará nuestro crecimiento espiritual.

Nuestra meta es llegar a la madurez plena y ser transformados por completo mediante una nutrición basada en el alimento sólido que encontramos en las Escrituras. Una descripción precisa y un ejemplo excelente para cualquier cristiano puede encontrarse en Jeremías 15:16: "fueron halladas tus palabras, y yo las comí; y tu palabra me fue por gozo y por alegría de mi corazón; porque tu nombre se invocó sobre mí, oh Jehová Dios de los ejércitos".

Capítulo trece

¿CÓMO NOS HACE PRODUCTIVOS LA PALABRA DE DIOS?

uánto fruto rinde usted en su vida cristiana? Cada vez que hago esa pregunta ocasional a ciertos creyentes, me responden con miradas desconcertadas o culpables. Algunos no están seguros de lo que pregunto. ¿Fruto? Ni siquiera tienen huerta y apenas pueden cuidar unas cuantas flores en el jardín de su casa. Otros piensan que les exijo una lista de almas ganadas para Cristo en lo que va corrido del mes. Como su lista es bastante corta (otros ni siquiera llevan una lista), se sienten culpables.

¿Qué es, pues, el fruto en la vida del cristiano? ¿Acaso tiene que ver con el fruto del Espíritu? ¿Cómo es que un cristiano rinde fruto en su vida diaria, y qué función cumple la Palabra de Dios en todo esto?

Él es la vid, nosotros los pámpanos

El pasaje bíblico clásico acerca de la producción de fruto es Juan 15:1-8. Jesús y sus discípulos están reunidos en el aposento alto en la noche previa a su muerte. Tan pronto se disponen a salir, el Señor les detiene y dice:

> Yo soy la vid verdadera, y mi Padre es el labrador. Todo pámpano que en mí no lleva fruto, lo quitará; y todo aquel que lleva fruto, lo limpiará, para que lleve más fruto. Ya vosotros estáis limpios por la palabra que os he hablado. Permaneced en mí, y yo en vosotros. Como el pámpano no puede llevar fruto por sí mismo, si no permanece en la vid, así tampoco vosotros, si no permanecéis en mí. Yo soy la vid,

vosotros los pámpanos; el que permanece en mí, y yo en él, éste lleva mucho fruto; porque separados de mí nada podéis hacer. El que en mí no permanece, será echado fuera como pámpano, y se secará; y los recogen, y los echan en el fuego, y arden. Si permanecéis en mí, y mis palabras permanecen en vosotros, pedid todo lo que queréis, y os será hecho. En esto es glorificado mi Padre, en que llevéis mucho fruto, y seáis así mis discípulos. (Jn. 15:1-8)

Tenemos aquí una de las analogías más repletas de significado, y también una de las más difíciles en toda la Biblia. También es uno de los pasajes más ricos en el Nuevo Testamento acerca de cómo se debe vivir la vida cristiana.

Jesús es la vid verdadera y su Padre es el labrador o jardinero. Los discípulos son los pámpanos o ramas, y Jesús se refería en particular a los once discípulos que permanecieron a su lado mientras se preparaba para ir al huerto de Getsemaní. Ellos fueron las ramas que quedaron unidas a Él hasta el final, en tanto que todas las que no dieron fruto fueron cortadas, como sucedió con Judas que ya había salido para traicionar a Jesús y entregarle a los cabecillas judíos esa misma noche. Jesús empleó la ilustración de la vid al menos por tres buenas razones:

En primer lugar, sus discípulos reconocerían de inmediato la analogía porque en las Escrituras del Antiguo Testamento se incluyen muchas referencias a vides o viñas como representación del pueblo de Israel. Por ejemplo, Isaías escribió: "ciertamente la viña de Jehová de los ejércitos es la casa de Israel, y los hombres de Judá planta deliciosa suya" (Is. 5:7). Jeremías escribió así las palabras de Dios: "te planté de vid escogida, simiente verdadera toda ella; ¿cómo, pues, te me has vuelto sarmiento de vid extraña?" (Jer. 2:21).

En segundo lugar, el cultivo de uvas era común en toda Palestina. De hecho, algunos comentaristas creen que Jesús se paró en la puerta a la salida del aposento alto para referirse a la vid que crecía junto a la casa donde se encontraban reunidos.[1] Al hablar sobre los métodos de limpieza de la planta, describió con exactitud lo que hacían los horticultores para producir buenas cosechas de uvas. Las vides jóvenes eran bastante trasquiladas durante sus primeros tres años de crecimiento y maduración, tras lo cual se les permitía producir su primera cosecha. Las vides maduras eran esquiladas cada diciembre y enero. Las ramas que no daban fruto se cortaban sin miramiento para preservar la energía de la planta, y como Jesús señaló en su analogía, la madera de las ramas cortadas no servía más que para hacer hogueras.[2]

En tercer lugar, la vid y sus pámpanos ilustran a perfección la clase de relación que debe existir entre Jesús y cualquier persona que quiera ser su discípulo. Aunque Jesús se dirigió al círculo estrecho de los once discípulos, esta analogía se aplica a todos los cristianos. Jesús nos dice que tenemos que elegir entre ser ramas que de verdad permanecen unidas a Jesús y rinden fruto, y ser ramas falsas e infructuosas que aparentan estar conectadas a la vid pero no lo están. Como Judas, estas ramas falsas se marchitan y no producen fruto, por lo cual su destino final es la destrucción.

Es importante advertir que Jesús dice: "Yo soy la vid *verdadera*". En el Antiguo Testamento se hizo referencia a Israel como la viña plantada, cuidada y limpiada por Dios, pero lo cierto es que Israel se había vuelto improductiva. De hecho, el símbolo de la viña usado en los pasajes del Antiguo Testamento siempre aluden al concepto de la degeneración espiritual. Oseas se lamentó de que Israel fuese "una frondosa viña, que da abundante fruto para sí mismo" (Os. 10:1). Ahora bien, cuando el Antiguo Testamento da paso al nuevo pacto recién instaurado en la última cena, Jesús enuncia con claridad que Él es la vid verdadera. Ahora es a Él a quien deben conectarse y rendir cuentas todos los hijos de Dios, porque es necesario que una persona esté conectada a Jesucristo para conocer la vida eterna y dar fruto espiritual.

La labor del labrador

La tarea del horticultor o jardinero es definitiva para entender la analogía de la vid y los pámpanos. El labrador de la viña es el Padre, quien tiene dos ministerios relacionados con los pámpanos que tiene la vid, es decir, aquellos que afirman su lealtad a Jesucristo.[3]

En el siglo primero, un labrador tenía dos deberes: cortar las ramas que no daban fruto y limpiar las ramas que daban fruto para ayudarles a llevar todavía más fruto.

La expresión "lo limpiará" tiene que ver con purgar y depurar. El labrador limpiaba las ramas que daban fruto de muchas maneras. Algunas veces usaba sus dedos pulgar e índice para arrancar un vástago vigoroso pero indeseable. Otras veces quitaba toda la punta de la rama para que no creciera tanto que el viento la pudiera desgajar del todo. En otras ocasiones "aligeraba" la rama mediante la remoción de brotes florales innecesarios. El único objetivo del labrador en todo esto era hacer más productiva la planta a fin de que rindiera más y mejor fruto.

Al comparar la labor del horticultor en la viña con la obra que el Padre hace en nosotros, podemos ver que existen dos clases de cristianos, así como hay dos tipos de ramas. Hay unos que afirman seguir a Cristo pero no son creyentes verdaderos y no evidencian fruto alguno. Los otros creen de verdad y muestran por lo menos algún fruto en su vida. La suerte de las ramas que no llevan fruto es una advertencia muy seria para nosotros. Aquellos que son ramas "al estilo Judas", son los que no creen en realidad ni permanecen con Cristo. Su destino es ser arrojadas en el fuego eterno. Aquí no se trata de personas que puedan perder su salvación, porque en realidad nunca fueron salvas. Tarde o temprano muestran su verdadera identidad y su final es la destrucción.

Por otro lado, los creyentes verdaderos siempre llevan fruto. Todo cristiano lleva alguna clase de fruto. Quizá no sea mucho. En la vida de algunos cristianos toca buscar muy bien para encontrar una que otra uva, pero siempre aparece algo. Si no hay fruto en absoluto, esa persona todavía no es cristiana. La esencia de la vida cristiana es que debe tener algún grado de productividad espiritual (véase Ef. 2:10). Una persona puede aparentar que está conectada a Jesucristo, pero si no rinde fruto alguno, en realidad no está conectada a Jesucristo en absoluto.

La obra del Padre en las ramas que llevan fruto es otro asunto. Él con gran cuidado y esmero limpia al cristiano: corta todos los brotes de pecado, las cogollos de impedimentos y los gajos de malos hábitos a fin de ayudarle a aumentar al máximo su capacidad para producir fruto.

Una de las maneras más eficaces como el Padre limpia al cristiano es por medio de los problemas, incluidos el dolor y el sufrimiento. Esto no significa que todo cristiano que sufra o esté enfermo sea objeto de la intervención del labrador divino, pero en muchos casos el Padre permite la tribulación y las dificultades en nuestras vidas a fin de que sean limpiadas y purificadas en ciertas áreas.

Ahora bien, es lamentable que la limpieza tenga que hacerse con objetos punzantes, razón por la cual siempre es dolorosa. En algunas ocasiones nos preguntamos si Dios sabe lo que hace con nosotros porque duele tanto que parece más de lo que podemos soportar. también a veces nos preguntamos por qué Dios limpia tanto nuestra rama mientras otros cristianos no experimentan la misma clase de limpieza. Todo lo que podemos hacer al respecto es confiar en Dios. El Padre sabe lo que hace. Las lecciones valiosas que nos enseña por medio del sufrimiento, las pruebas y los problemas, nos hacen conscientes de los cambios que necesitamos hacer, de qué cosas necesitamos añadir o quitar en nuestra vida.

El Padre lleva a cabo esta limpieza de muchas maneras. Puede utilizar desde enfermedades hasta penalidades como la pérdida de un trabajo. Puede ser la pérdida de un ser querido o de un buen amigo. La trasquiladura puede darse por medio de la frustración, la desilusión, las presiones y las tensiones. Dios ordena todo tipo de problemas para librarse de todos los vástagos indeseables, aquellos hábitos, actitudes y prácticas que agotan nuestra energía y nos impiden rendir fruto al máximo. Dios no realiza esta obra de limpieza con regodeo ni venganza. Él no es un vendimiador terrible que blande una guadaña gigantesca mientras demanda: "¡den más fruto, de lo contrario las corto!" No, Él está siempre a nuestro lado cual paciente hortelano que con gran cuidado nos esquila de forma individual, siempre en los lugares y el momento adecuados con el propósito de ayudarnos a rendir más y mejor fruto.

El cuchillo esquilador puede doler una que otra vez, pero siempre vale la pena su intervención. ¿Alguna vez ha pensado en el filo del cuchillo que usa el Padre para limpiarnos? ¿Será el sufrimiento, los problemas o las frustraciones? No creo que se trate de esas cosas. Juan

15:3 me dice que el cuchillo limpiador es nada más y nada menos que la Palabra de Dios. Jesús dice: "ya vosotros estáis limpios por la palabra que os he hablado". Creo que en este versículo Jesús se refiere a dos tipos de limpieza disponible para sus discípulos. En primer lugar, su salvación inicial viene a través de escuchar la Palabra. En segundo lugar, su perfeccionamiento continuo mediante la purificación y la purga también son realizados por la Palabra. Por esa razón dice a continuación: "permaneced en mí, y yo en vosotros. Como el pámpano no puede llevar fruto por sí mismo, si no permanece en la vid, así tampoco vosotros, si no permanecéis en mí" (Jn. 15:4).

Ahora bien, ¿cómo permanecemos en Cristo y cómo hacemos que Él permanezca en nosotros? Es por medio de *estar en la Palabra*. No existen substitutos, trucos ni atajos. El cuchillo limpiador de Dios es su Palabra, y como se indicó arriba Él parece utilizarlo con mucha destreza en tiempos de tribulación, dificultades y obstáculos.

Carlos Spurgeon, predicador magistral del siglo diecinueve, dijo: "la Palabra es lo que trasquila al cristiano a perfección, mientras que la verdad le purga hasta dejarle purificado".

¿Ha notado alguna vez que es mucho más sensible a la Palabra de Dios en momentos difíciles y atribulados? ¿Ha notado que si tiene cierta necesidad o problema, algunos versículos parecen saltar de las páginas divinas como dirigidos a usted en especial? Así trabaja el Espíritu de Dios cuando aplica su Palabra en lo más profundo de su corazón.

Qué no es fruto cristiano

Con toda la limpieza y purga que se aplica, nos conviene estar seguros de la clase de fruto que debemos dar. Un principio es básico: para el creyente en Cristo dar fruto es un requisito, no una opción. El Antiguo Testamento habla sobre esto por lo menos en setenta ocasiones, y Pablo trata el tema en todas sus epístolas, de una u otra forma.

Ahora bien, ¿qué clase de fruto describen Pablo y los demás escritores bíblicos? Primero vamos a considerar lo que *no* es el fruto cristiano. La gente no debería confundir el fruto verdadero con una imitación plástica.[4]

El fruto no es éxito. En ninguna parte de la Biblia se identifica el fruto cristiano con el éxito. Todos tenemos la tendencia a pensar que si una iglesia tiene un templo grande o una gran cantidad de asistentes, esto significa que lleva mucho fruto espiritual. No necesariamente. Una empresa "exitosa" puede ser resultado del buen desempeño en la carne, un esfuerzo humano que no rinde frutos espirituales en absoluto.

En el otro lado de la moneda tenemos al misionero que ha trabajado treinta años en un lugar apartado y que ha contribuido a la conversión y el discipulado de tres personas. Es posible que su trabajo haya dado fruto espiritual a pesar de su falta aparente de "éxito".

El fruto no es sensacionalismo. También tenemos la tendencia a dejarnos impresionar por lo espectacular, lo llamativo y lo que raya con el fanatismo. Muchas producciones emotivas y retóricas prometen: "¡aquí está el fruto real!" No obstante, la charlatanería es barata mientras que el fruto espiritual real es costoso.

El fruto no es fingimiento. Una trampa sutil hace caer a muchos cristianos que tratan de imitar las acciones o el estilo de otro creyente que aparenta tener fruto espiritual. Lo cierto es que cada cristiano debe rendir su propio fruto porque cada uno es único y el fruto que da también lo es. Siempre que los cristianos tratan de aparentar o imitar el fruto de otra persona, transgreden el principio básico de permanecer en Cristo: en lugar de vivir en Cristo y permitir que Cristo viva en ellos para producir fruto por medio de ellos, es como si tomaran frutas plásticas y las pegaran con cinta adhesiva a sus ramas. Tal vez tenga un aspecto agradable, pero no tiene sabor y tampoco alimenta.

Qué es el fruto cristiano verdadero

Las Escrituras describen el fruto espiritual auténtico de diversas maneras, y yo las coloco en cierto orden de prioridad por una razón importante.

En primer lugar, el fruto es un carácter como el de Cristo. Pablo lo expresó en una sola frase en Gálatas 5:22: "mas el fruto del Espíritu es amor, gozo, paz, paciencia, benignidad, bondad, fe, mansedumbre, templanza". Esta lista describe los rasgos característicos de Jesucristo. Debemos reproducir la vida de Cristo en nosotros a medida que permanecemos unidos a la vid. Jesús dijo: "Yo soy la vid, vosotros los pámpanos; el que permanece en mí, y yo en él, éste lleva mucho fruto; porque separados de mí nada podéis hacer" (Jn. 15:5). Para subrayar la necesidad absoluta de permanecer en Cristo, de ser una rama "real", Jesús reitera la advertencia muy seria que dio en Juan 15:2: "el que en mí no permanece, será echado fuera como pámpano, y se secará; y los recogen, y los echan en el fuego, y arden" (Jn. 15:6).

Ahora bien, para rendir el fruto del Espíritu o cualquier otra clase de fruto cristiano, debemos entender un principio. El camino a la fructificación es a través de Cristo. Una de las tareas más infructuosas del mundo entero es tratar de producir el fruto del Espíritu por nuestra cuenta. Miramos nuestra vida y vemos que nos falta un poco de amor cristiano, así que resoplamos, gemimos y hacemos fuerza para tratar de producir más amor. O detectamos que no tenemos paz cristiana en nuestra vida, así que trabajamos tan duro para producir más paz, que nos desesperamos más que nunca.

Jesús no nos dijo: "¡vayan por el mundo y produzcan más fruto!" Él nos instruye más bien que permanezcamos unidos a Él y el fruto aparecerá conforme al proceso divino, independiente de nuestro esfuerzo.

Otra manifestación del fruto es la alabanza y la adoración al Señor. Hebreos 13:15 nos dice: "así que, ofrezcamos siempre a Dios, por medio de él, sacrificio de alabanza, es decir, fruto de labios que confiesan su nombre". Al ser agradecidos con Dios en un espíritu de adoración, el fruto se hace presente. En nuestra oración y en nuestras expresiones de adoración al Señor, se hace evidente el fruto espiritual. Tenga en cuenta que todo esto se hace realidad por medio de Jesucristo, no de nosotros mismos.

Una tercera clase de fruto es las buenas obras. Con frecuencia evitamos la noción de "obras" porque sabemos que somos salvos por gracia y no por obras, no sea que alguien se gloríe de haber obrado su propia salvación aparte de Dios (véase Ef. 2:8, 9). No obstante, olvidamos que Pablo dice de inmediato: "porque somos hechura suya, creados en Cristo Jesús para buenas obras, las cuales Dios preparó de antemano para que anduviésemos en ellas" (Ef. 2:10). No nos salvamos por nuestras obras, pero sí somos salvados para hacer buenas obras en el nombre de Cristo y para su gloria. Esa es la razón por la que Pablo dijo a los colosenses (y también a nosotros):

> Por lo cual también nosotros, desde el día que lo oímos, no cesamos de orar por vosotros, y de pedir que seáis llenos del conocimiento de su voluntad en toda sabiduría e inteligencia espiritual, para que andéis como es digno del Señor, agradándole en todo, llevando fruto en toda buena obra, y creciendo en el conocimiento de Dios. (Col. 1:9, 10)

Note de nuevo que Pablo en su oración pide a Dios que llene a los creyentes con el conocimiento de su voluntad, con sabiduría y entendimiento espiritual. A medida que somos llenados por Dios, podemos producir buenas obras y con ellas fruto espiritual verdadero y duradero. Para ser llenos debemos estar cerca de Cristo y permanecer en Él.

Por último, el cristiano produce fruto al ganar a otros para Cristo. Un pasaje clave que identifica a las personas ganadas para Cristo como fruto espiritual, se encuentra en Juan 4. Los discípulos de Jesús le pidieron que se detuviera a comer, pero Él les contestó que su comida era hacer la voluntad de su Padre y acabar su obra. Luego Jesús dijo: "¿no decís vosotros: Aún faltan cuatro meses para que llegue la siega? He aquí os digo: Alzad vuestros ojos y mirad los campos, porque ya están blancos para la siega. Y el que siega recibe salario, y recoge fruto para vida eterna" (Jn. 4:35, 36).

Es lamentable que algunos creyentes piensen que la mejor manera de segar los campos es meter una "podadora evangelizadora" y recoger la mayor cantidad posible de conversos. La manera de rendir fruto como un ganador de almas no es correr de un lado para otro con un altoparlante, sacudir a la gente mientras recita versículos como un robot, dejar un tratado evangelizador en la mesa del restaurante en lugar de una propina para la mesera, y otras cosas semejantes. En lugar de esto, permanezca en Cristo y discierna la cosecha espiritual. Deje que Él forme su carácter en usted y las oportunidades vendrán. Concéntrese en Él y el le pondrá en situaciones diseñadas de manera especial para que usted dé su testimonio.

La otra metodología, tratar de ganar almas por usted mismo, es un callejón sin salida. Yo mismo lo experimenté mientras estuve en un curso de verano sobre evangelismo. Nuestra tarea consistía en testificar a siete personas por semana. El instructor no dijo cuántos tendrían que convertirse para sacar una buena calificación, pero el requisito era testificar a siete personas por semana para no perder el curso. Era legalismo puro y simple, pero me enseñó algo importante: la necedad que es testificar "porque me toca" y el sentido común de permanecer en Cristo y testificar con base en lo que fluye de mi vida como resultado de conocerle y amarle. Por esa razón los frutos del carácter que se asemeja a Cristo, a saber, la alabanza a Dios y las buenas obras, siempre deben venir primero. Si no nos deleitamos en estos frutos ni vemos que sean una realidad en nuestra vida, la respuesta es dolorosa pero obvia: no permanecemos en Él lo suficiente y tampoco estamos en la Palabra de Dios lo suficiente.

¿Las palabras de Dios controlan su vida?

Si vamos a ser ramas reales y no postizas, debemos permitir que las palabras del Señor nos controlen. ¿Cuáles son las palabras del Señor? ¿Acaso necesitamos memorizar todos los pasajes en tinta roja que tienen las Biblias que resaltan las palabras de Cristo en tinta roja? Aunque esa no es una mala idea, lo cierto es que las palabras de Cristo no se limitan a las citas que se le atribuyen en esas ediciones especiales de la Biblia. Como vimos en los primeros capítulos de este libro, todas las Escrituras tienen autoridad infalible e inerrante sobre nuestra vida. Lo que Jesús dijo en persona no es más importante que lo que dijo a través de Pablo, Pedro, Santiago, Judas y los demás escritores inspirados de la Biblia. Si uno habla de "ser controlado por la Palabra de Dios", no pasa de tener buenas intenciones mientras no esté muy bien familiarizado con el contenido de la Biblia. La memorización de las Escrituras no debe verse como algo mágico. De hecho, esa práctica puede conducirle al legalismo y al fetichismo. No obstante, existe una bendición y un poder tremendos en el conocimiento de los pasajes en los que puede encontrarse ayuda específica para todas las situaciones.

Por ejemplo, a continuación presento un ejercicio sencillo en el que se incluyen doce pasajes esenciales de las Escrituras que todo cristiano debería conocer. Por favor trate de asociar cada uno de ellos con su cita correspondiente en la columna derecha:

Los Diez Mandamientos	Lucas 10
La preeminencia del amor	Mateo 22:34-40
Las Bienaventuranzas	Mateo 5-7
La parábola del buen samaritano	Éxodo 20
El gran mandamiento	1 Corintios 13
El Sermón del Monte	Mateo 5:1-12
El llamamiento de Abraham	Lucas 6:31
La caída del hombre	Génesis 12
La regla de oro	Lucas 15
La parábola del hijo pródigo	Génesis 3

Las respuestas correctas se encuentran al final de este capítulo. Confirme los resultados de su ejercicio personal y después trate de recitar de memoria la respuesta correcta mientras cubre una de las columnas. Recuerde que usted puede convertir la memorización de versículos y referencias en un ejercicio vano, si lo realiza con una mentalidad legalista. Por otra parte, ¿qué significa en realidad conocer la Palabra de Cristo si es que vamos a estar bajo su control? A no ser que permanezcamos en la Palabra por medio de su lectura, estudio y memorización, así como la profundización en su significado mediante el uso de herramientas como *La Biblia de estudio MacArthur*, hasta llegar a su conocimiento pleno, todo lo que digamos acerca de permanecer en su Palabra y rendir fruto espiritual es charlatanería. Según Juan 15:8, hay una bendición maravillosa en el hecho de ser limpiados para dar más fruto: "en esto es glorificado mi Padre, en que llevéis mucho fruto, y seáis así mis discípulos". El creyente que lleva fruto a través de su relación con Cristo y no en sus propios esfuerzos y astucia, es un creyente que trae mayor gloria a Dios.

Este es el punto decisivo. En conclusión, Él es la vid y nosotros las ramas. Esto también se puede expresar a manera de paráfrasis de la conocida respuesta a la primera tesis de la confesión de Westminster: por medio de permanecer con Él y en Él, glorificaremos a Dios, le disfrutaremos para siempre y mostraremos al mundo que somos sus discípulos.[5]

En resumen

Jesús nos da el secreto para llevar fruto al decirnos que nuestra relación con Él debe ser como la que mantienen las ramas de una vid con la planta. Si somos ramas verdaderas, unidas a Él en fe genuina, llevaremos fruto en cualquier cantidad. Para ayudarnos a llevar más fruto, el Padre usa la Palabra para purgarnos y limpiarnos de todos los hábitos, las actitudes y las prácticas que sobren en nuestra vida. Con frecuencia Él utiliza las dificultades para cumplir esta obra, desde enfermedades y pérdida hasta frustración y presión. Su cuchillo limpiador es doloroso pero los resultados valen la pena.

El fruto postizo es un peligro que los cristianos deben evitar. El fruto real no tiene que ver con éxito terrenal ni sensacionalismo carnal. El fruto real no se obtiene mediante la imitación espuria del ministerio de otros cristianos que llevan fruto. Cada cristiano es responsable de la calidad y la cantidad de su propio fruto.

La Biblia describe el fruto real de diferentes maneras: (1) un carácter semejante al de Cristo (el fruto del Espíritu); (2) alabanza y adoración a Dios; (3) fructificación en toda buena obra. Una cuarta clase importante de fruto viene representado por las personas que se convierten a Cristo, pero la testificación debe ser el fruto espontáneo de permanecer en Él y no de esforzarse en cumplir requisitos y metas legalistas.

Los beneficios de ser limpiados por el Padre son muchos. Llevar fruto trae felicidad, gozo, satisfacción y placer duraderos. También llegamos a experimentar las respuestas a nuestra oración en la medida en que nuestra vida sea regulada por la Palabra de Dios. El resultado final es que traemos gloria a Dios mientras le conocemos y disfrutamos por siempre.

Respuestas al ejercicio de asociación: los Diez Mandamientos - Éxodo 20; la preeminencia del amor - 1 Corintios 13; las Bienaventuranzas - Mateo 5:1-12; la parábola del buen samaritano - Lucas 10; el gran mandamiento - Mateo 22:34-40; el Sermón del Monte - Mateo 5-7; el llamamiento de Abraham - Génesis 12; la caída del hombre - Génesis 3; la regla de oro - Lucas 6:31; la parábola del hijo pródigo - Lucas 15.

Capítulo catorce

¿CÓMO NOS PREPARA LA PALABRA DE DIOS PARA LA BATALLA ESPIRITUAL?

uizá una de las escenas más grandiosas en la historia de la televisión es una secuencia que se presenta casi todas las semanas en el programa "deportes del mundo entero" (*Wide World of Sports*). Mientras se presentan proezas atléticas espectaculares en la pantalla, el anunciador habla acerca de cómo él y su equipo de grabación le dan "la vuelta al planeta para traerle una gran variedad de momentos dramáticos en el mundo deportivo, desde el embeleso de la victoria...", y en ese momento la cámara se enfoca en un esquiador que salta sin temor desde una gran altura, "hasta la agonía de la derrota". De repente, el esquiador pierde el control, se sale de la rampa y sufre una caída aparatosa al lado de la pista, no sin antes estrellarse con varios avisos y arbustos. Aunque el accidente parece funesto, el esquiador no termina demasiado lastimado.

Todos nos identificamos con ese esquiador porque también hemos conocido la agonía de la derrota. Yo no sé usted, pero yo prefiero ganar. No me gusta perder. Desde que tenía edad suficiente para levantar un bate, patear un balón o abrir un libro de la escuela, mi padre me enseñó: "si lo vas a hacer, hazlo lo mejor que puedas o no lo hagas en absoluto".

Al crecer, traté de seguir la filosofía de mi padre y me esforcé en alcanzar la excelencia en todo lo que emprendía. No me gusta estar en último lugar, prefiero la cima, y esta filosofía también se aplica a mi vida cristiana. No me interesa competir con seres humanos, trátese de creyentes o incrédulos, solo me interesa derrotar a Satanás. No me gusta ver que el diablo gane, no me gusta ver que el mundo me domine y tampoco me gusta ver que la carne le gane al Espíritu. En lo que respecta al mundo, la carne y el diablo, me gusta ganar todos los combates que sea posible.

En la universidad tuvimos a un entrenador de fútbol que nos daba su charla clásica durante el receso, y uno de sus dichos predilectos era: "nadie les puede ganar si no se dejan ganar". Yo creo que los cristianos podrían apropiarse de un lema como ese cada vez que emprenden el combate espiritual diario. De acuerdo con las Escrituras, los creyentes contamos con todo el equipo necesario para ganar la victoria. De hecho, tenemos el arma más poderosa que es la espada del Espíritu que es la Palabra de Dios. Todo lo que necesitamos es la voluntad de ganar.

La parte más importante de la armadura

La mayoría de los cristianos están familiarizados con el pasaje de la armadura espiritual en Efesios 6. En la analogía de Pablo, que fue escrita mientras él estuvo encadenado a un soldado romano, el apóstol describe artículos de guerra vitales, no opcionales. La batalla diaria contra Satanás es real, para no mencionar la que libramos contra el mundo y contra la carne, como se lo puede asegurar cualquier creyente verdadero. Cada pieza de la armadura del cristiano es digna de un capítulo entero en cualquier libro, pero aquí vamos a concentrarnos en la última parte que es la espada del Espíritu.

. Para entender bien el concepto que Pablo tiene de la espada, necesitamos considerar los términos griegos correspondientes. Pablo no emplea la palabra griega que se traduciría también espada (*romphaia*), que alude a un arma enorme de doble filo que los soldados tenían que empuñar con ambas manos. Con la *romphaia* un soldado no tenía que preocuparse de la precisión, ya que debido a su peso solo podía blandirla en cualquier dirección y esperar que alcanzara a herir al enemigo.

En lugar de ese término, Pablo emplea una palabra griega muy corriente: *machaira*, que describe un arma ligera semejante a una daga de unos dieciocho centímetros o a una espada corta de tan solo medio metro. Era un arma que se empuñaba con facilidad en combate para garantizar la precisión tanto en la defensa como en el ataque. La *machaira* era la clase de espada que portaban la mayoría de los soldados romanos en el combate mano a mano.[1]

La palabra *machaira* se emplea en Mateo 26:47 para describir las armas que tenían en sus manos los soldados que vinieron a arrestar a Jesús en el huerto de Getsemaní. Es la misma palabra que describe la espada de Pedro que ese discípulo desenvainó para cortar la oreja derecha del criado del sumo sacerdote. Una *machaira* era utilizada para trabajos precisos y letales. Si Pedro hubiera usado una *romphaia*, el pobre Malco habría podido terminar partido en dos.

Observe que Pablo la llama espada *del Espíritu*. Yo creo que se refiere aquí al *origen* de la espada, en este caso se trata de un arma espiritual que procede *del* Espíritu Santo. Existe una diferencia crucial entre poseer la espada del Espíritu y poseer tan solo la Biblia. Un incrédulo puede poseer una Biblia, pero eso no le sirve de mucho. El hombre natural no entiende las cosas de Dios, pero si nosotros creemos en Cristo vamos a recibir al maestro interno de la verdad, el Espíritu Santo. Es el Espíritu de Dios en la vida del creyente quien hace disponible y eficaz la Palabra de Dios en la vida del creyente. Todo cristiano posee la espada del Espíritu, pero el asunto es qué tan bien la sabe utilizar cada creyente.

Efesios 6:17 tiene todavía más información para nosotros. Pablo dice que necesitamos la espada del Espíritu, *la Palabra de Dios*. Ya hemos visto que Pablo se refería a un tipo de espada *machaira*, pequeña y de uso fácil para cortes precisos. El apóstol no menciona la *romphaia*, una espada ancha y pesada que requería ser empuñada con ambas manos para dar golpes indiscriminados. El término griego que Pablo utiliza aquí para decir "palabra" no es *logos*, la definición común para describir la revelación general que Dios hizo de Él mismo. Más bien utiliza la palabra *rema*, que se refiere a "declaraciones específicas".

El principio que Pablo presenta con claridad contundente en Efesios 6:17 es que al usar la espada del Espíritu tenemos que ser específicos. Si la tentación viene a atacarnos, no es suficiente que agitemos la Biblia en el aire y digamos: "¡la Palabra de Dios me protege!" Necesitamos saber qué parte de la Palabra de Dios se aplica a la situación específica. Necesitamos saber cómo utilizar la espada del Espíritu tanto a la defensiva como en la ofensiva.

¿Qué tan buena es su defensa?

Si alguna vez ha visto un combate a espada, sabe que esta arma se emplea tanto para desviar un golpe como para lanzarlo. Sin una defensa adecuada, el esgrimidor termina con heridas graves. El mismo principio se aplica al uso de la Palabra de Dios en la guerra espiritual. La primera responsabilidad del cristiano es aprender a utilizar la espada del Espíritu con gran habilidad defensiva. Satanás le atacará con tentaciones constantes, pero usted puede desviar esos sablazos del enemigo con el uso adecuado de la Palabra de Dios.

Jesús nos da su lección clásica sobre estrategia defensiva en el relato de la manera como fue tentado por Satanás con tres golpes distintos (véase Mt. 4; Lc. 4). Debe tenerse en cuenta que las tentaciones sobrevinieron a Jesús justo después de una ocasión de triunfo espiritual. Al ser bautizado por Juan, el Espíritu de Dios descendió sobre Él como una paloma, y se escuchó la voz de su Padre, quien dijo: "este es mi Hijo amado, en quien tengo complacencia" (Mt. 3:17). A continuación vemos a Jesús en el desierto, a punto de ser tentado por el diablo. Esto mismo puede suceder a cualquier creyente. Al experimentar una victoria espiritual, podemos ser engañados y pensar que Satanás nunca más podrá tocarnos. Lo que parece una victoria puede convertirse de repente en derrota si nos descuidamos. Cada momento es un nuevo reto que debe superarse y la batalla es constante.

La primera oferta del tentador fue simple. Después de haber ayunado cuarenta días y cuarenta noches, es obvio que Jesús sintiera hambre. "Si eres Hijo de Dios, di que estas piedras se conviertan en pan", le dijo el diablo (véase Mt. 4:3). Jesús observó el millar de piedras que estaban a sus pies, y cada una tenía el aspecto de los panes que se cocían en los hornos palestinos.[2] ¿Acaso sería una invitación inocente para saciar su fuerte apetito físico? Sin duda el Padre celestial podría perdonar esa pequeña indulgencia, en vista de las circunstancias. No obstante, Jesús sabe que hay mucho más en juego que su propia satisfacción. La primera palabra que Satanás emplea es "si".

Si, Jesús es el Hijo de Dios, de seguro puede hacer lo que le plazca. El Hijo de Dios no debería aguantar hambre, dice Satanás: "tú eres el

Hijo de Dios, tienes derecho a satisfacerte. ¿Para qué deambular más por esta tierra sin que te honren, sin que te sirvan, con un hambre tan terrible? ¿Acaso esto es digno del Hijo de Dios? ¡Usa tu poder y autoridad para corregir esta situación!"

Jesús reconoce la tentación como lo que es: una invitación a dejar de confiar en Dios y una tentación a utilizar su propio poder y autoridad para satisfacer sus propias necesidades. La respuesta de Jesús es breve, precisa y basada en un pasaje del Antiguo Testamento, una cita directa de Deuteronomio: "escrito está: No sólo de pan vivirá el hombre, sino de toda palabra que sale de la boca de Dios" (Mt. 4:4; véase Dt. 8:3). El primer sablazo de Satanás es desviado con éxito, pero ese solo fue como calistenia para Satanás. A continuación, el diablo trata de ganarle a Jesús en su propio terreno con una cita de las Escrituras (esta es una estrategia diabólica que todo cristiano debe mantener muy presente). La siguiente sugerencia del diablo es que Jesús se lance desde el pináculo del templo, en una caída libre de más de noventa metros. Después de todo, los ángeles le recogerán tal como dice el Salmo 91. De nuevo, la respuesta de Jesús va directo al blanco y sale de las Escrituras: "escrito está también: No tentarás al Señor tu Dios" (Mt. 4:7). En este caso Satanás no solo invitó a Jesús a que realizara un acto espectacular que atrajera a más seguidores, sino que le tentó para ver qué tan lejos se atrevería a llegar con Dios el Padre. Dios espera que corramos riesgos para serle fieles, pero no para aumentar nuestro propio prestigio.

Dos de los sablazos del diablo han sido malogrados por completo, pero el enemigo sigue al ataque. Con la siguiente oferta el diablo cree que tiene asegurada una estocada final. Jesús puede tener todos los reinos del mundo, si tan solo se inclina y adora al diablo. Todo lo que tiene que hacer es "doblegarse un poco" de acuerdo con las reglas de juego del diablo. Establecer algunos vínculos con el sistema del mundo, presentarse al mundo como alguien relevante y contemporáneo en lugar de ser tan riguroso y modesto. Jesús empuña de nuevo la *machaira* y cita por tercera vez del Deuteronomio: "vete, Satanás, porque escrito está: Al Señor tu Dios adorarás, y a él solo servirás" (Mt. 4:10; véase Dt. 6:13).

Jesús ya soportó bastante la irritación del diablo y le ordena que se vaya de una vez por todas, lo cual acata el enemigo de inmediato. En tres ocasiones el diablo lanza sus mejores ataques contra Jesús y fracasa. ¿Por qué falló el diablo? Porque Jesús usó la espada del Espíritu en la manera exacta que requería cada tentación específica. Puesto que todas las respuestas de Jesús provenían de Deuteronomio, no debemos pensar que ese era el único libro que Él conocía. Más bien, utilizó ese libro *porque cada cita se ajustaba con precisión a cada situación presentada.* También habría podido citar de Salmos, Proverbios, Génesis, o de cualquier otro libro que fuera apropiado para la batalla espiritual del momento.

El principio es muy claro. Para defenderse de los ataques de Satanás, utilice la *machaira* del Espíritu que es la *rema* de Dios, con el fin de desviar cada golpe de manera específica y precisa. El cristiano debe estar en capacidad de defenderse en todo aspecto planteado por la tentación. Debe tener los principios, los pasajes y las verdades de la Palabra de Dios en su mente y en su corazón. No siempre tiene tiempo para detenerse a preguntarle a su pastor o para hacer una llamada de intercesión. Si el cristiano no puede desviar los sablazos del enemigo por sí mismo, el diablo tendrá la ventaja y el cristiano perderá ese asalto.

No lo dude ni un instante. Satanás tiene la manera de saber en qué área usted es débil, y puede ser que usted lo disimule muy bien en la iglesia o en un grupo de estudio bíblico, incluso en presencia del par de testigos de Jehová que tocaron a su puerta, pero usted no puede engañar al diablo. Satanás le atacará en su punto más débil y usted nunca puede contentarse con lo que sabe acerca de cómo utilizar la espada del Espíritu. Es demasiado fácil caer en la tentación por la sencilla razón de que usted ignora la respuesta de la Palabra de Dios a las preguntas y los problemas que se plantean todos los días de su vida.

No olvide mantenerse a la ofensiva

Por mucho que use la Palabra de Dios para defenderme contra los ataques del diablo, a mí me encanta usarla como arma ofensiva. Esto es lo más emocionante de la batalla. Estar todo el tiempo a la defensiva no lo es todo, cuando yo empiezo a usar mi espada del Espíritu en situaciones ofensivas, irrumpo con júbilo en la selva tenebrosa del reino de Satanás y anticipo la victoria de mi ataque estratégico.

¿Cómo utiliza usted la Palabra de Dios en sentido ofensivo? Cada vez que usted lleva el evangelio a una persona no salva, la espada del Espíritu corta hasta lo más profundo del reino de tinieblas de Satanás. Cada vez que usted enseña o hace a otros partícipes de la Palabra de Dios, en familia, en una clase, con sus amigos o en el trabajo, usted hace cortes irreversibles en las malezas que el diablo utiliza para hacer tropezar a sus víctimas.

Satanás sabe que la Palabra de Dios es eficaz, y por esa razón trata de detener su avance siempre que pueda. En Lucas 8, la Palabra de Dios se compara a una semilla, y Satanás realiza todos los esfuerzos posibles para que esa semilla no germine en el corazón humano.

A pesar de las estratagemas del diablo, la Palabra de Dios es ágil y poderosa, y tiene tanto filo que corta hasta el alma para revelar nuestros motivos verdaderos (véase He. 4:12). en Jeremías 23:29 Dios pregunta: "¿no es mi palabra como fuego... y como martillo que quebranta la piedra?" Es inolvidable la declaración valiente de ataque a las tinieblas que Pablo hace en Romanos 1:16: "porque no me avergüenzo del evangelio, porque es poder de Dios para salvación a todo aquel que cree".

El uso de la espada del Espíritu en la ofensiva es el mismo que en la defensa. Uno tiene que hacer movimientos específicos y lanzadas precisas. ¿Alguna vez ha estado en una conversación en la que no pudo ofrecer respuestas porque no sabía lo que enseña la Biblia al respecto? Eso no significa que usted tenga que refugiarse tras la cortina del silencio. Más le conviene admitir que no conoce la respuesta en ese momento y proceda a averiguarlo. Busque la respuesta en comentarios o en Biblias de estudio como *La Biblia de estudio MacArthur*, a fin de que usted pueda blandir su espada con mayor precisión y eficacia la próxima vez. Cuanto más conozcamos la Palabra de Dios, mejor podremos marchar en medio del reino de Satanás para deshacer y malograr sus trampas y sus engaños.

¿Mariposa, botánico o abeja?

Una de las excusas comunes que los cristianos tienen acerca de no conocer mejor la Palabra de Dios es que "no la entienden". Yo no me como ese cuento. Dios no solo nos dio su Palabra, también plantó a su maestro interno de la verdad, el Espíritu Santo, ¡en nuestros corazones! Él está dispuesto a enseñarnos si nosotros queremos aprender. G. Campbell Morgan, un gigante del púlpito en el siglo pasado, fue abordado por un hombre tras haber predicado un sermón conmovedor. El hombre exclamó: "Doctor Morgan, ¡su predicación me inspira tanto!" Se dice que Morgan respondió: "el noventa y cinco por ciento de la inspiración es transpiración". Tiene razón. Se requiere de disciplina y trabajo arduo para estudiar a profundidad la Biblia, y es una labor que requiere habilidad y precisión. Nuestra espada del Espíritu es una *machaira* que requiere destreza y dedicación, no una *romphaia* que solo necesita fuerza bruta.

Una ilustración antigua pero útil trata acerca de un hombre que miraba por su ventana un jardín hermoso, lleno de plantas y flores. Primero vio una mariposa muy bella que volaba de flor en flor y se detenía tan solo uno o dos instantes antes de seguir su recorrido arbitrario. La mariposa tocaba muchos de los capullos pero no recibía beneficio alguno de ellos.

A continuación se fijó en un botánico que llevaba un cuaderno de anotaciones bajo su brazo y una lupa grande en su mano. El botánico se agachaba sobre cada flor durante un largo rato y la observaba a través de su lente para después hacer notas profusas en su cuaderno. El hombre pasaba largas horas en su estudio de las flores y en la elaboración de sus notas, pero al terminar cerró su cuaderno, puso la lupa en su bolsillo y se fue del lugar.

El tercer visitante del jardín de flores era una abeja diminuta. La abeja se posaba sobre una flor y luego se adentraba hasta tocar el fondo y extraer todo el néctar que tuviera. En cada visita llegaba vacía y salía repleta.

Esto se aplica muy bien a la manera como los cristianos se acercan a la Palabra de Dios. Algunos son como mariposas que pasan de un sermón emocionante a otro, de una clase bíblica a la siguiente, un vuelo para aquí y un vuelo para allá, sin obtener algo más profundo que una sensación agradable. Hay otros que son como botanistas espirituales que toman apuntes copiosos. Se esfuerzan en obtener toda la información correcta y son precisos punto por punto en los bosquejos de cada sermón. Repasan las palabras aprendidas pero no obtienen muchas aplicaciones prácticas, para ellos todo es un esfuerzo intelectual y académico.

Por otro lado, hay creyentes que parecen abejas espirituales. Van hasta el fondo de las cosas espirituales y cada página de las Escrituras es una fuente valiosa de alimento. De allí extraen con paciencia y meticulosidad toda la sabiduría, la verdad y la vida que traerá bendición no solo a sus vidas sino también a todos los que les rodean.[3]

¿Cuál de ellos es usted? Resulta fácil ver los problemas que tendrá la mariposa, pero el problema del botánico es más sutil. Después de todo, ¿no se trata aquí de realizar un estudio cuidadoso de la Palabra? El estudio meticuloso de la Palabra de Dios debe ir más allá de los procesos intelectuales para arraigarse en lo profundo del corazón. La diferencia está en el nivel de obediencia al Espíritu Santo, su maestro interno de la verdad, quien puede darle el máximo provecho de la Palabra de Dios. De esta manera usted saldrá lleno cada vez que se acerque a la Biblia. Aprenderá a usar con eficacia la espada del Espíritu, tanto para la defensa como para el ataque y para todo lo demás en la vida cristiana. Además, en la batalla espiritual diaria, usted sentirá en justa medida el gran embeleso de la victoria.

En resumen

Todo cristiano posee el equipo necesario para ganar la victoria en la lucha diaria contra el mundo, la carne y el diablo. El arma crucial es la espada del Espíritu, la Palabra de Dios, que se asemeja a un arma pequeña que se empuña y blande con destreza para un trabajo certero y eficaz. Esta espada es dada por el Espíritu Santo, quien es el maestro interno de la verdad en el corazón de todo cristiano. Es la Palabra de

Dios, la cual debe ser usada de manera específica y precisa en la vida del creyente para producir resultados concretos.

Los dos usos de la espada del Espíritu son la defensa y el ataque. En la defensa, debemos aprender a usar la Palabra para desviar los golpes y los embates de Satanás, quien siempre trata de tentarnos en nuestras áreas de mayor debilidad. En el ataque, también debemos ser específicos y precisos con el manejo correcto de la espada, a través de la enseñanza de la Palabra de Dios y la predicación del evangelio tanto en la iglesia como en el mundo, dondequiera que podamos horadar el reino de tinieblas del diablo.

Existen tres maneras de abordar la Palabra de Dios que pueden compararse con tres visitantes en un hermoso jardín de flores. Podemos ser mariposas que vuelan de aquí para allá y obtienen pocas cosas de valor, o podemos ser botanistas que estudian con detenimiento los detalles de la flor sin obtener a cambio algo nutritivo, o podemos personas similares a abejas que van hasta lo profundo de la Palabra de Dios para no salir vacías como llegaron, sino llenas de su verdad, su sabiduría y su poder.

La manera como elijamos hacer uso de nuestra espada del Espíritu determina si vamos a experimentar el embeleso de la victoria o la agonía de la derrota.

Tercera parte

SEPA CÓMO ESTUDIAR LA BIBLIA

Capítulo quince
¿CÓMO ESTÁ ORGANIZADA LA BIBLIA?

---

*L*a Biblia es un libro único. Es una colección de sesenta y seis documentos inspirados por Dios. Estos documentos están agrupados en dos testamentos, treinta y nueve en el Antiguo Testamento y veintisiete en el Nuevo Testamento. Profetas, sacerdotes, reyes y líderes de la nación de Israel escribieron en hebreo los libros del Antiguo Testamento (con dos pasajes en arameo). Los apóstoles y sus asociados escribieron en griego los libros del Nuevo Testamento.

El registro del Antiguo Testamento empieza con la creación del universo y termina unos cuatrocientos años antes del nacimiento de Jesucristo.

El flujo histórico del Antiguo Testamento recorre los siguientes puntos clave:

Creación del universo
Caída del hombre
Diluvio sobre la tierra
Abraham, Isaac, Jacob (Israel): padres de la nación escogida
La historia de Israel

Exilio en Egipto	430 años
Éxodo y peregrinación por el desierto	40 años
Conquista de Canaán	7 años
Época de los jueces	350 años
Reino unido: Saúl, David y Salomón	110 años
Reino dividido: Judá e Israel	350 años
Exilio en Babilonia	70 años
Regreso y reconstrucción del país	140 años

Los detalles de esta historia se explican en treinta y nueve libros que se dividen en cinco categorías diferentes:

La ley	5 libros (Génesis a Deuteronomio)
Historia	12 libros (Josué a Ester)
Sabiduría	5 libros (Job a Cantares)
Profetas mayores	5 libros (Isaías a Daniel)
Profetas menores	12 libros (Oseas a Malaquías)

Tras la culminación del Antiguo Testamento, pasaron cuatrocientos años de silencio durante los cuales Dios no habló ni inspiró más Sagradas Escrituras. Ese silencio se rompió con la llegada de Juan el Bautista, quien fue el precursor profetizado que anunció la venida del Salvador prometido. El Nuevo Testamento contiene el registro del resto de esa nueva historia, desde el nacimiento de Cristo hasta la culminación de toda la historia y el estado eterno definitivo. De esta manera, ambos testamentos abarcan desde la creación hasta la consumación de todo, desde el pasado eterno hasta el futuro eterno.

Mientras que los treinta y nueve libros del Antiguo Testamento se especializan en la historia de Israel y la promesa del Salvador venidero, los veintisiete libros del Nuevo Testamento se concentran en la persona de Cristo y el establecimiento de la iglesia. Los cuatro evangelios registran su nacimiento, vida, muerte, resurrección y ascensión. Cada uno de los cuatro escritores observa desde una perspectiva diferente el acontecimiento más grande e importante de la historia, la venida de Dios hecho hombre, Jesucristo. Mateo le mira desde la perspectiva de su reino, Marcos desde el punto de vista de su condición de siervo, Lucas en la perspectiva de su humanidad y Juan desde el punto de vista de su deidad.

El libro de Hechos cuenta la historia del efecto que tuvieron la muerte, vida y resurrección de Jesucristo, con su ascensión como punto de partida, luego la venida del Espíritu Santo y el nacimiento de la iglesia, así como los primeros años de la predicación del evangelio por parte de los apóstoles y sus asociados. Hechos registra el establecimiento de la iglesia en Judea, Samaria y a lo largo y ancho del Imperio Romano.

Las veintiún epístolas fueron escritas a iglesias e individuos para explicar el significado de la persona y la obra de Jesucristo, con aplicaciones prácticas de la doctrina cristiana en la vida y el testimonio de los creyentes hasta que Él regrese.

El Nuevo Testamento termina con Apocalipsis, que presenta una descripción del inicio de la era eclesiástica y culmina con el regreso de Cristo para establecer su reino terrenal, juzgar a los impíos y glorificar y bendecir a los creyentes. Después del reino milenario del Salvador tendrá lugar el juicio final y esto dará paso al estado eterno. De este modo, todos los creyentes de toda la historia entran a la gloria eterna preparada para ellos, y todos los impíos son consignados al infierno para ser castigados para siempre.

Los cinco temas de la Biblia

Para entender la Biblia, es esencial comprender su amplitud histórica, desde la creación hasta la consumación de todas las cosas. También es crucial tener presente el tema unificador de las Escrituras. El tema constante que se desarrolla en toda la Biblia es este: Dios por su propia gloria ha decidido crear un grupo de personas que serán súbditos en su reino eterno para alabarle, honrarle y servirle para siempre. De esta manera hará un despliegue de su sabiduría, su poder, su misericordia, su gracia y su gloria. Para reunir a sus elegidos, Dios debe redimirles del pecado. La Biblia revela el plan de Dios para llevar a cabo esta redención, desde su diseño en el pasado eterno hasta su cumplimiento en el futuro eterno. Los pactos, las promesas y las épocas se circunscriben al plan continuo de redención.

Existe un solo Dios. La Biblia tiene un Creador y es un solo libro que contiene un plan de gracia, el cual se ha registrado desde su inicio, durante su ejecución y hasta su consumación. Desde la predestinación hasta la glorificación, la Biblia es la historia de Dios, quien redime a su pueblo escogido para la alabanza eterna de su gloria.

A medida que el propósito y el plan redentor de Dios se desarrolla en las Escrituras, cinco motivos aparecen de manera constante:

(1) la naturaleza de Dios
(2) la maldición a causa del pecado y la desobediencia
(3) la bendición por la fe y la obediencia
(4) el Señor y Salvador, su sacrificio por el pecado
(5) el reino y la gloria que han de venir

Todas estas cosas que se revelan en las páginas del Antiguo y Nuevo Testamento están relacionadas con esas cinco categorías. Las Escrituras siempre enseñan o ilustran: (1) el carácter y los atributos de Dios; (2) la tragedia del pecado y la desobediencia a los parámetros de santidad de Dios; (3) la bienaventuranza de la fe y la obediencia al parámetro de Dios; (4) la necesidad de un Salvador por cuya rectitud y substitución los pecadores puedan ser perdonados, declarados justos y transformados para obedecer el parámetro de Dios; y (5) el fin glorioso de la historia de redención en el reino terrenal del Señor y Salvador, así como el reino y la gloria que le siguen, de Dios y de Cristo por la eternidad. Resulta esencial, a medida que uno estudia las Escrituras, tener presente que estas categorías recurrentes son como grandes ganchos de los cuales penden todos los pasajes. En la lectura de la Biblia uno debería estar en capacidad de relacionar cada porción de las Escrituras con estos temas dominantes, y reconocer que todo lo que se introduce en el Antiguo Testamento se presenta de manera más clara y completa en el Nuevo Testamento. Un estudio individual de las cinco categorías nos suministra la siguiente visión general de las Escrituras:

La revelación del carácter de Dios

Por encima de todo lo demás, la Biblia es la revelación que Dios ha hecho de sí mismo. Él se revela a sí mismo como el Dios soberano del universo quien ha decidido crear al hombre y darse a conocer al hombre. En esa revelación de sí queda establecido su parámetro de santidad absoluta. Desde Adán y Eva junto a Caín y Abel, hasta todos los que vivieron antes y después de la ley de Moisés, el parámetro de justicia y rectitud quedó establecido y se sostiene hasta la última página del Nuevo Testamento. La violación de ese principio absoluto produce juicio, tanto temporal como eterno.

En el registro del Antiguo Testamento, Dios se reveló a sí mismo por los siguientes medios:

(1) creación, sobre todo a través del hombre, quien fue hecho a imagen de Dios
(2) ángeles
(3) señales, prodigios y milagros
(4) visiones
(5) las palabras habladas por los profetas y otros siervos de Dios
(6) Sagradas Escrituras (el Antiguo Testamento)

En el registro del Nuevo Testamento, Dios se reveló de nuevo a sí mismo por los mismos medios, pero de una manera más clara y completa:

(1) creación, en Dios hecho hombre, Jesucristo, quien es la imagen misma de Dios.
(2) ángeles
(3) señales, prodigios y milagros
(4) visiones
(5) palabras habladas por los apóstoles y los profetas
(6) Sagradas Escrituras (el Nuevo Testamento)

La revelación del juicio divino por el pecado y la desobediencia

Las Escrituras tratan de forma reiterada el asunto del pecado del hombre que a su vez acarrea el juicio divino. Narración tras narración, las Escrituras demuestran los efectos mortales en el tiempo y en la eternidad de transgredir el parámetro de Dios. La Biblia se ha dividido en 1.189 capítulos, y tan solo cuatro de ellos no se relacionan con un mundo caído: los primeros dos y los últimos dos, antes de la caída y tras la creación de los nuevos cielos y la nueva tierra. El resto es una crónica constante de la tragedia del pecado.

En el Antiguo Testamento, Dios mostró el desastre que trajo el pecado, desde Adán y Eva hasta Caín y Abel, los patriarcas, Moisés e Israel, los reyes, los sacerdotes, algunos profetas y las naciones gentiles. A lo largo de todo el Antiguo Testamento se registra la devastación continua que producen el pecado y la desobediencia a la ley de Dios.

En el Nuevo Testamento, la tragedia del pecado se hace todavía más clara. La predicación y la enseñanza de Jesús y los apóstoles empiezan y terminan con un llamado al arrepentimiento. El rey Herodes, los líderes judíos y la nación de Israel, al lado de Pilato, Roma y el resto del mundo, rechazan a una al Señor y Salvador, desprecian la verdad de Dios y de esa forma se condenan a sí mismos. La crónica del pecado continúa sin tregua hasta el fin de la era y el regreso de Cristo como juez. En el Nuevo Testamento, la desobediencia es todavía más flagrante que la desobediencia del Antiguo Testamento porque incluye el rechazo del Señor y Salvador Jesucristo, en la luz más brillante de la verdad divina que se revela a partir del Nuevo Testamento.

La revelación de la bendición divina por la fe y la obediencia

Las Escrituras prometen de forma reiterada recompensas maravillosas en el tiempo y en la eternidad para las personas que confían en Dios y procuran obedecerle. En el Antiguo Testamento, Dios mostró a los seres humanos la bienaventuranza que traía el arrepentimiento del pecado, la fe en Él y la obediencia a su Palabra, desde Abel y los patriarcas hasta el remanente de Israel, e incluso a los gentiles que creyeron (como la gente de Nínive).

El parámetro de Dios para el hombre, que es su voluntad y su ley moral, se dio a conocer desde el principio. Además, Dios concedió en su misericordia redención y bendición en el tiempo y en la eternidad a todos aquellos que admitieron su propia incapacidad para cumplir con el parámetro de santidad divina, reconocieron su pecado, confesaron su insuficiencia para agradarle por sus propios esfuerzos y obras, y le pidieron perdón y gracia.

En el Nuevo Testamento, Dios mostró de nuevo la bienaventuranza plena de la redención del pecado para las personas arrepentidas.

Algunos respondieron a la predicación de arrepentimiento de Juan el Bautista, otros se arrepintieron con la predicación de Jesús, y otros judíos obedecieron el evangelio mediante la predicación de los apóstoles de Jesucristo. Por último, muchos gentiles en todo el imperio romano también creyeron el evangelio, y a todos los creyentes en el transcurso de la historia humana, se les promete bendición en este mundo y en el venidero.

La revelación del Señor y Salvador y el sacrificio por el pecado

Jesús como Salvador es el corazón del Antiguo Testamento, el cual Jesús dijo que hablaba de Él por tipos y profecías, al igual que del Nuevo Testamento, que presenta el registro bíblico de su venida. La promesa de bendición depende de la gracia y la misericordia dadas al pecador. Gracia significa que el pecado no se cuente en contra del pecador. Ese perdón depende de un pago por el castigo del pecado a fin de satisfacer la justicia santa. Esto requiere de un substituto santo, un ser que muera en expiación y ocupe el lugar del pecador sin merecerlo. El substituto elegido de Dios y el único que calificó para tal obra fue Jesús.

La salvación siempre se ha hecho realidad por el mismo medio de la gracia, tanto en el Antiguo como en el Nuevo Testamento. Si cualquier pecador acude a Dios, arrepentido y convencido de que no tiene el poder de salvarse a sí mismo del juicio merecido de Dios, y apela con ruegos a la misericordia divina, la promesa de perdón de Dios es concedida. En ese momento Dios le declara justo en virtud del sacrificio y la obediencia de Cristo que han sido aplicados a su favor. En el Antiguo Testamento, Dios justificó a los pecadores de la misma manera, en anticipación de la obra expiatoria de Cristo. Por lo tanto, existe continuidad en la gracia y la salvación a lo largo de toda la historia de la redención. Los diferentes pactos, promesas y épocas históricas no alteran la continuidad fundamental de la salvación, ni tampoco la discontinuidad entre el testimonio del Antiguo Testamento (la nación de Israel) y el testimonio del Nuevo Testamento (la iglesia). Esa continuidad fundamental gira alrededor de la cruz de Cristo, pues lejos de ser una interrupción en el plan de Dios, es el acontecimiento al cual apunta a todo lo demás.

A lo largo del Antiguo Testamento, el Salvador y el sacrificio perfecto son prometidos. En Génesis, Jesús es la simiente de la mujer y el vencedor absoluto sobre Satanás (Gn. 3:15). En Zacarías, Él es aquel hijo unigénito quien fue traspasado para la salvación de su pueblo, y a través del cual Dios abre la fuente del perdón para todos los que se afligen por su pecado (Zac. 12:10). Él es aquel Cordero perfecto de Dios simbolizado por el sistema de sacrificios de la ley mosaica, el substituto que sufrió en lugar de los hombres como lo describieron los profetas en pasajes vívidos (Is. 53:3, 4, 11). En todo el Antiguo Testamento, Él es el Mesías que moriría por las transgresiones de su pueblo. De principio a fin en el Antiguo Testamento, el tema del Señor y Salvador se presenta junto al sacrificio perfecto por el pecado. Es solo en virtud de su sacrificio perfecto por el pecado que Dios perdona por gracia a los creyentes arrepentidos.

En el Nuevo Testamento, el Señor y Salvador vino y suministró en su propia muerte de cruz el sacrificio prometido por el pecado. Tras haber cumplido con rectitud toda justicia a través de su vida perfecta, Él satisfizo toda la justicia divina por medio de su muerte. De esta manera Dios mismo hizo expiación por el pecado humano, a un precio tan grande que la mente humana no lo puede comprender. Ahora Él suministra en su gracia todo el mérito que su pueblo necesita para que se conviertan en objetos de su favor. Esto es lo que quieren decir las Escrituras al hablar de salvación por gracia.

La revelación del reino y la gloria del Señor y Salvador

Este componente crucial de las Escrituras trae toda la historia a la consumación ordenada por Dios. La historia de la redención es controlada por Dios con el fin de que culmine en su gloria eterna. La historia de la redención terminará con la misma precisión y exactitud con que empezó. Las verdades escatológicas no son vagas ni confusas, más bien tienen gran importancia para todos. Como en cualquier libro, la forma en que termina la historia bíblica es la parte más crucial y emotiva. Las Escrituras describen varias características específicas del fin planeado por Dios.

En el Antiguo Testamento, se hace mención reiterada de un reino terrenal gobernado por el Mesías, Señor y Salvador, quien vendrá a reinar. Con ese reino se asocia la salvación de Israel, la salvación de los gentiles, la renovación de la tierra frente a los efectos de la maldición, y la resurrección corporal del pueblo de Dios que había muerto en esperanza. Por último, el Antiguo Testamento predice que sucederá una "inversión" de la creación o una disolución del universo, así como la creación seguida de nuevos cielos y nueva tierra que darán lugar al estado eterno de los piadosos, así como un infierno definitivo y perpetuo para los impíos.

En el Nuevo Testamento, estos elementos se aclaran y expanden. El rey de toda la tierra fue rechazado y ejecutado, pero Él prometió regresar en gloria, traer juicio, resurrección y un reino eterno para todos los que creen. Una cantidad incontable de gentiles de todas las naciones estarán incluidos entre la multitud de los redimidos. Israel se salvará y será injertado otra vez en la raíz de bendición de donde había sido extirpado por un tiempo.

El reino prometido de Israel será disfrutado bajo el mando del Señor y Salvador Jesucristo, quien reina sobre el trono en una tierra renovada y con poder sobre el mundo entero, tras haber retomado la autoridad que se le debe y para recibir el honor y la adoración que merece. Después de ese reino milenario vendrá la disolución de esa creación renovada que todavía está manchada por el pecado, y la subsiguiente creación de nuevos cielos y nueva tierra, para dar paso al estado eterno y la separación permanente de los impíos que estarán en el infierno.

En resumen

Estos son los cinco temas que llenan las páginas de la Biblia. Si se entienden desde el principio puede responderse la pregunta que se plantea todo el tiempo mientras uno lee: ¿por qué nos dice esto la Biblia? Todas las cosas se ajustan dentro de este patrón glorioso. A medida que usted lea la Biblia, coloque cada trozo de verdad en estos cinco ganchos unificadores y así la Biblia aparecerá ante sus ojos, no como una colección de sesenta y seis documentos individuales y ni siquiera como dos testamentos separados, sino como un solo libro escrito por un solo autor divino, quien lo escribió para tratar un solo tema glorioso.

Mi oración es que la magnificencia del tema de la redención de los pecadores para la gloria de Dios, mantendrá cautivo el interés de todos los lectores desde el principio hasta el final de la historia bíblica. Esta historia es de parte de Dios para usted y tiene *todo* que ver con usted. Léala. Estúdiela con herramientas y recursos como este libro, *La Biblia de estudio MacArthur* y otros comentarios bíblicos. La Biblia le dice qué ha planeado Dios para usted, por qué le creó, qué ha llegado usted a ser en Cristo, y qué se ha preparado para usted en la gloria eterna.

Capítulo dieciséis

¿QUÉ DICE LA BIBLIA?

*S*i los capítulos anteriores de este libro han servido para algo, es que han demostrado una y otra vez que en la Biblia todos los cristianos tienen un tesoro increíble. El estudio eficaz de la Palabra de Dios es básico en la vida cristiana. Para el cristiano, el centro de su existencia es el conocimiento de la Palabra de Dios.

Requisitos previos para el estudio provechoso de la Biblia

Si queremos conocer a Dios por medio de su Palabra, es imprescindible tener la actitud correcta. El estudio bíblico provechoso incluye al menos cinco elementos: nuevo nacimiento, deseo sincero, diligencia constante, santidad práctica y oración.

Nuevo nacimiento o haber nacido de nuevo, parece un requisito obvio pero es imprescindible. Para obtener cualquier provecho de la Palabra de Dios, uno tiene que pertenecer a Dios. El hombre natural no entiende las verdades de Dios porque carece de la presencia del Espíritu Santo, quien enseña al creyente en el interior de su corazón (véase 1 Co. 2:14).

Deseo sincero de conocer la Palabra es algo crucial. En años recientes se ha hecho mucho hincapié en las emociones, en obtener algún tipo de éxtasis de la experiencia cristiana. Usted no debe acercarse a la Biblia motivado por tener una experiencia emocional. El estudio bíblico no es una píldora que acelera el pulso espiritual. Las Escrituras están disponibles para darle conocimiento, y la obtención de ese conocimiento requiere esfuerzo. Cuanto más se esfuerce usted, más provecho va a obtener de las Escrituras.

El estudio bíblico mediocre es un aburrimiento. Si usted se acerca a las Escrituras de manera legalista, ritual, o porque se sienta intimidado por sus hermanos o por su pastor, no sacará mucho provecho espiritual. Lo que usted necesita es tener hambre en su corazón, una pasión personal por conocer a Dios a través de su Palabra. Pregúntese cuánto quiere en realidad conocer a Dios. ¿Qué lugar ocupa este "deseo" en su lista de prioridades?

Diligencia constante es parte integral del deseo sincero. Sus deseos tienen que traer como resultado acciones concretas o nada va a suceder. Esto es algo ineludible, porque el estudio de la Biblia es una labor ardua. El Espíritu Santo no va a electrizarnos mientras andamos por el parte o sentados al frente del televisor. El Espíritu obra por medio de la Palabra y tenemos que poner todo de nuestra parte para recibir su mensaje para nosotros.

Además de mis múltiples deberes como pastor de una iglesia de muchos miembros, yo paso unas veinticinco a treinta horas a la semana en la preparación de mis sermones. Para ser honesto, hay días en los que no me siento tan diligente como debería. La pasión de conocer a Dios arde en esas ocasiones a fuego lento, y en realidad sería más divertido llevar la familia a la playa, ver un partido o relajarme en casa con el periódico y algunas revistas predilectas. En esas situaciones tengo que recordar el ejemplo de los cristianos de Berea que se describe en Hechos 17. Lucas les llama "más nobles que los que estaban en Tesalónica, pues recibieron la palabra con toda solicitud, escudriñando cada día las Escrituras para ver si estas cosas eran así" (Hch. 17:11). Pablo también me dice: "procura con diligencia presentarte a Dios aprobado, como obrero que no tiene de qué avergonzarse, que usa bien la palabra de verdad" (2 Ti. 2:15). El estudio bíblico requiere disciplina. Sin transpiración tampoco hay inspiración.

La santidad práctica es el cuarto requisito previo. La llamo "práctica" porque me refiero a una vida limpia. Podría hablar de la santidad en términos muy espirituales y misteriosos, pero aquí lo que importa es saber: "¿qué tan pura es mi vida?" La clave para el crecimiento es *primero desechar* (despojarse de) toda maldad, engaño, hipocresía, envidia y calumnia (véase 1 P. 2:1, 2).

Si usted insiste en practicar ciertos pecados favoritos, la leche pura de la Palabra no tendrá efecto alguna en su vida, más bien le caerá muy mal y usted terminará con indigestión espiritual. De hecho, es posible que pierda el apetito por las cosas de Dios.

La oración es otro elemento crucial del estudio bíblico. Los apóstoles de la iglesia primitiva redujeron a dos sus prioridades: "nosotros persistiremos en la oración y en el ministerio de la palabra" (Hch. 6:4). El estudio de las Escrituras y la oración van de la mano. La oración es buscar la fuente divina del entendimiento que es Dios mismo.

El apóstol Pablo confirmó el papel central de la oración en la obtención de entendimiento de la Palabra cuando escribió: "no ceso de dar gracias por vosotros, haciendo memoria de vosotros en mis oraciones, para que el Dios de nuestro Señor Jesucristo, el Padre de gloria, os dé espíritu de sabiduría y de revelación en el conocimiento de él, alumbrando los ojos de vuestro entendimiento" (Ef. 1:16-18).

Pablo sentía una necesidad profunda de iluminación divina a través de la revelación de Dios, y la buscaba siempre en oración. Ningún cristiano bajar la mirada para leer la Palabra sin antes levantar la mirada y comunicarse con la fuente misma de esa Palabra, a fin de pedir sabiduría y dirección. Estudiar la Biblia sin orar es una actividad presuntuosa, por no decir que se puede comparar a un sacrilegio.

Ya que hemos visto algunos de los requisitos previos para el estudio provechoso de la Biblia, pasemos ahora a la manera correcta de realizar ese estudio. El primer paso es sencillo, tal vez demasiado sencillo.

Haga una lectura sistemática de la Biblia

El primer paso en el estudio bíblico es *leer la Biblia.* No puedo insistir demasiado en el hecho de que el estudio bíblico eficaz debe empezar con una lectura sistemática de las Escrituras. Los demás métodos tendrán beneficio limitado si usted no entiende el texto y el contexto de lo que dice la Palabra de Dios en la porción estudiada.

Con todas las herramientas de estudio bíblico y los diversos métodos y recursos que existen en el mercado, los cristianos se ven tentados a cometer los mismos errores de los judíos que se encontraban en el reino de Judá en el sur, cuando Isaías profetizó su destrucción a manos de invasores extranjeros. Ellos despreciaron las advertencias del profeta como si fueran moralejas infantiles. Pensaron que ya no necesitaban principios y rudimentos básicos como: "mandamiento tras mandamiento, mandato sobre mandato, renglón tras renglón, línea sobre línea, un poquito allí, otro poquito allá" (Is. 28:10). Su fin es bien conocido. Judá cayó ante los babilonios en el año 586 a.C. Los burladores que creyeron haber superado los fundamentos básicos de la Palabra de Dios, fueron llevados en silencio al cautiverio.[1]

La conclusión es contundente: ningún creyente está por encima de las cosas básicas de Dios. Los métodos sofisticados y novedosos de estudio bíblico no son malos en sí, pero nunca deberían prescindir de los pasos fundamentales. No hay un paso más fundamental que la lectura sistemática de la Palabra de Dios: línea sobre línea, precepto sobre precepto y renglón tras renglón. Esto garantiza la absorción total de la verdad divina y la coherencia del estudio con el mensaje bíblico.

Un plan de estudio del Antiguo Testamento

Por supuesto, usted necesita un plan para su lectura sistemática. Para el Antiguo Testamento, recomiendo la lectura narrativa de todo el texto desde Génesis hasta Malaquías sin salto alguno. Esto se puede hacer durante todo un año, y aunque debe admitirse que algunas porciones son difíciles, como Levítico y algunas partes de Deuteronomio, lo cierto es que el lenguaje hebreo del Antiguo Testamento suministra una lectura muy simple y concreta.

Yo he estudiado hebreo y griego, y las diferencias entre ambos idiomas son importantes. El griego es un lenguaje muy complejo y con frecuencia difícil de interpretar a causa de su naturaleza filosófica. Tiene muchas maneras abstractas de decir las cosas, mientras que el hebreo es más concreto y simple.

Por eso la mejor manera de leer el Antiguo Testamento es de principio a fin, como una historia narrada. Ahí no va a encontrar una presentación de teología sistemática, así que no empiece a buscar "tipos", alegorías o dispensaciones. Eso lo puede hacer después, a medida que aprende a aplicar las reglas de interpretación bíblica (hermenéutica). Primero realice una lectura sencilla del Antiguo Testamento para ver qué dice, para escuchar con atención y humildad la historia que cuenta. Usted verá cómo se desenvuelve la revelación progresiva de Dios, y también descubrirá los fundamentos de las verdades que se revelarán más tarde en el Nuevo Testamento.

A medida que avanza en la lectura, mantenga un lápiz y un cuaderno para escribir apuntes sobre los pasajes que usted quiera revisar más adelante para su estudio en profundidad. Si encuentra un pasaje que no entiende del todo, no permita que esto detenga su progreso. Coloque un signo de interrogación en el margen y prosiga sin mirar atrás. En su lectura sistemática del Antiguo Testamento año por año, línea por línea y mandato sobre mandato, usted empezará a borrar esos signos de interrogación.

¿Cuál es la mejor manera de organizar su lectura del Antiguo Testamento? ¿Cuántos capítulos por día y por semana?

Este es un plan muy fácil de implementar. El Antiguo Testamento tiene un total de 929 capítulos. Al dividir esa cantidad por 365 días obtenemos un total de dos capítulos y medio por día. Para dar cabida a aquellos días en que usted pierda la lectura diaria por motivos de salud u otros problemas, fíjese una meta diaria de tres capítulos, lo cual no debe tomarle más de quince a veinte minutos. Tenga presente que algunos capítulos son bastante largos y otros muy cortos, así que haga ajustes correspondientes. El capítulo promedio ocupa cerca de una página en una Biblia típica, así que la meta de tres capítulos al día no es abrumadora en lo absoluto.[2]

Un plan de estudio del Nuevo Testamento

Con el Nuevo Testamento utilizo un sistema diferente. Mantengo el principio de repetición básica de Isaías 28:9 (línea sobre línea, renglón tras renglón, mandato sobre mandato), pero con una variación importante. En lugar de leer todo el Nuevo Testamento desde Mateo hasta Apocalipsis, leo cada libro una y otra vez en el transcurso de treinta días. Esto funciona de maravilla con los libros más cortos, por ejemplo las epístolas de Juan. De hecho, yo empecé a utilizar este sistema con Primera Juan. La leí toda en una sola sesión y me tomó unos treinta minutos. Tal vez usted nunca haya leído todo un libro en una sola sentada, ni siquiera uno pequeño, pero le aseguro que la lectura de un libro entero del Nuevo Testamento le da toda la riqueza del contexto y el flujo de las ideas. Esto le ayuda a librarse del síndrome del "texto familiar y versículo memorizado". La memorización de la Biblia es importante, pero si no se realiza con un método organizado, como el establecido por el ministerio de los Navegantes,[3] es demasiado fácil quedar con la impresión de que la Biblia es una mera colección de dichos importantes y no la Palabra viva y eficaz de Dios.

La Biblia tiene fluidez y contexto, sobre todo en las cartas de Pablo, Santiago y otros. En la elaboración de una línea, uno no se detiene a leer una línea interesante para saltar después dos páginas y encontrar otro pensamiento valioso. La carta se escribió para ser leída de corrido, y tiene el propósito de comunicar un pensamiento fluido y continuo, de principio a fin.

Haga la prueba, siéntese a leer la primera carta de Juan de principio a fin. ¿Eso es todo? Apenas es el comienzo. Al día siguiente, vuelva a leer la epístola de principio a fin. El tercer día haga lo mismo, y así durante treinta días. ¿Sabe qué pasa al final de los treinta días? Usted sabe con exactitud qué dice la primera carta de Juan. ¿No es esto maravilloso? Ya nadie le puede confundir sobre su contenido, ¡ni siquiera usted mismo! ¿En qué parte habla del perdón de los pecados? 1 Juan 1:7-9. ¿Dónde habla Juan acerca de cómo y por qué Dios es amor? 1 Juan 4:7-21. Las advertencias en cuanto a amar demasiado al mundo se encuentran en 1 Juan 2:15-17 y la promesa de vida eterna está en 1 Juan 5:11, 12.

Estas son algunas muestras obvias. Usted podrá ver la epístola del apóstol Juan en su mente, ¡y sabrá incluso en qué parte de la página va cada palabra! Lo mejor de todo es que captará el flujo del libro y entenderá su mensaje básico. Pase después a otro libro corto y haga lo mismo durante treinta días. Siempre lea el libro en una sola sesión, todos los días durante treinta días. Al final de los treinta días usted tendrá otro libro del Nuevo Testamento en su corazón y en su mente ¡como nunca antes!

Quizá piense que esto funciona con libros pequeños como las epístolas de Juan, Colosenses o Filipenses, ¿pero qué decir de libros más largos como Mateo, Juan o Hechos?

Ese problema tiene una solución bastante sencilla. Tan solo tiene que seccionar los libros más largos y utilizar el mismo sistema de treinta días. Por ejemplo, el evangelio de Juan tiene veintiún capítulos. Divídalo en tres secciones de siete capítulos cada una. Lea los primeros siete capítulos todos los días durante treinta días. Luego pase a los siguientes siete capítulos y haga lo mismo con los últimos siete capítulos. Al término de noventa días, usted habrá recorrido todo el evangelio de Juan y lo reconocerá como la palma de su mano. Además, le garantizo que sabrá con exactitud qué contiene el libro. ¿Jesús y Nicodemo? Juan 3. ¿El primer milagro en la boda de Caná? Juan 2. ¿El llamamiento de los discípulos? Juan 1. ¿El capítulo sobre la vid y los pámpanos? Juan 15. ¿El buen pastor? Juan 10. ¿El discurso sobre el pan de vida? Juan 6.

Si quiere saber qué dice la Biblia, este método le permitirá hacerlo como ningún otro. Además, es un método flexible que usted puede adaptar a su personalidad y a sus hábitos de estudio. Puede ajustar la longitud de los libros que emprende. Primero uno corto, luego uno largo, después varios cortos. En dos años y medio usted habrá leído todo el Nuevo Testamento treinta veces, y en algún punto del recorrido empezará a ver cómo encajan todas las piezas para formar un coloso espiritual magnífico. Una verdad de Colosenses se conectará con una de Efesios. Los argumentos de Pablo en Romanos corresponderán a perfección con su discurso de Gálatas. La parábola del buen samaritano será la ilustración perfecta de las instrucciones prácticas de Romanos 12, Efesios 5 y Gálatas 6.

Tal vez usted diga: "oh, esto es demasiado difícil. A mí me resulta imposible mantener un sistema tan riguroso. Es fácil para John MacArthur, él tiene que hacer esto treinta horas a la semana para preparar sus sermones".

Existen varias respuestas a este problema. En primer lugar, este método solo requiere treinta minutos diarios durante treinta días y estoy convencido de que justifica cualquier esfuerzo. Le garantizo que le librará del enredo y la desorientación que muchos cristianos experimentan al tomar la Biblia en sus manos. Muchos dicen casi sin pensarlo: "mira qué libro más gordo, es imposible que yo pueda absorber toda esta información, mucho menos entenderla; mejor dejo que mi pastor la desenmarañe y me alimente el domingo con bocados digeribles". Esa clase de cristianos se quedan así, enanos, siempre atentos para recibir el tetero dominical en lugar de esforzarse en conocer la Palabra por sí mismos.

Sí, esto requiere disciplina. Estoy seguro que en algunos momentos caerá en el aburrimiento y el cansancio. Algunos se empiezan a aburrir el séptimo día, o el duodécimo día, o el vigésimo primer día. En parte, la razón de esto es que usted todavía leerá la Biblia como siempre lo ha hecho, de una manera un poco superficial. La manera de contrarrestar el aburrimiento es esforzarse en ver a mayor profundidad lo que lee. Empiece a escudriñar realmente qué es lo que el escritor dice. Lea cada vez con más lentitud, no con rapidez. Pronto se escuchará a usted mismo decir: "Ah, ¡ya veo!" "¡Sí, eso tiene sentido!" "¡Ahora entiendo!"

Sí, también es posible que ciertos días no podrá hacerlo tan bien como otros días. Quizá pierda la lectura del día por razones de salud, emergencias, viajes y otras responsabilidades. Sin embargo, el sistema es lo que cuenta. Haga su mejor esfuerzo para *ceñirse al sistema*. Lea cada libro o cada porción en toda su extensión, con la mayor frecuencia que pueda todos los días. También debe ser flexible. Algunos días puede ser más necesario que usted dedique tiempo a la oración. Permita que el Espíritu Santo le guíe en el desarrollo de un sistema personal de lectura y estudio de la Biblia que funcione mejor para su propio crecimiento espiritual.

Otro punto importante. Si usted quiere ponerse serio con la lectura y el estudio de la Biblia, tendrá que volver a definir sus prioridades. Todos nosotros tenemos que luchar contra la pereza y la inercia. Para obtener el máximo provecho en cualquier cosa usted tendrá que pagar el precio. Como estudiante en el seminario escuché a muchos eruditos y estudiosos de la Biblia explicar sus métodos personales de estudio bíblico. Casi todos ellos coincidieron en una cosa: lea las Escrituras de forma repetitiva.

Su primera meta es descubrir qué es lo que dice la Biblia. El segundo paso es descubrir qué significa y qué quiere dar a entender. Esto lo discutiremos en el último capítulo de este libro. Esta es la fase en que las herramientas de estudio bíblico tales como comentarios, diccionarios bíblicos y Biblias de estudio como *La Biblia de estudio MacArthur*, se vuelven muy útiles en su estudio personal de la Palabra de Dios.

En resumen

Conocer a Dios, conocerle de verdad a través de su Palabra, es una meta imprescindible para todo cristiano. Conocer a Dios a tal punto que Él nos hable por medio de su mensaje bíblico, es algo que requiere un estudio frecuente y eficaz de la Biblia. Para que el estudio de la Biblia sea provechoso al máximo, necesitamos: haber nacido de nuevo, tener un deseo sincero de aprender, ser diligentes y constantes, practicar la santidad y orar.

El primer paso hacia el estudio bíblico provechoso consiste en leer la Biblia. Esto puede parecer obvio y simple, pero a no ser que leamos la Biblia de forma regular y sistemática, será muy poco lo que aprendamos. Las herramientas y los recursos para el estudio bíblico tienen su lugar, pero nunca deberían reemplazar la lectura de las Escrituras una y otra vez, línea sobre línea, renglón tras renglón y mandato tras mandato.

Un buen plan para la lectura del Antiguo Testamento es leerlo todo sin saltos ni retrocesos. De esta forma usted adquirirá una visión global de la revelación progresiva de Dios. Con el Nuevo Testamento, un buen plan que permite captar las verdades del nuevo pacto consiste en leer el mismo libro todos los días durante treinta días, a fin de establecer en nuestra mente el flujo de ideas y el contexto de cada libro. De esta manera quedaremos bien familiarizados con las verdades reveladas en el Nuevo Testamento. Los libros más largos, como los evangelios, pueden dividirse en secciones que también se cubren una por una en el transcurso de treinta días. Por ejemplo, en noventa días usted puede quedar perfectamente familiarizado con los veintiún capítulos del

Evangelio de Juan, mediante la lectura diaria de siete capítulos durante treinta días, luego otros siete y por último siete más.

¿Es demasiado difícil la lectura diaria del mismo libro durante treinta días? Así usted pierda un día de vez en cuando, le garantizo que este sistema vale la pena. El esfuerzo constante le permitirá en el transcurso de dos años y medio conocer la Palabra de Dios como usted nunca la ha experimentado.

Capítulo diecisiete

¿QUÉ QUIERE DECIR LA BIBLIA?

*U*na pareja joven de otra iglesia se acercó a uno de nuestros asistentes pastorales para recibir consejería con respecto a algunos problemas maritales que habían empezado a tener poco después de su boda. Después de unos cuantos minutos de entrevista a los dos, él se dio cuenta de que tenían gustos, ideas y opiniones muy diferentes e incompatibles.

–¿Qué les motivó a casarse? –preguntó el consejero.

–Un sermón que nuestro pastor predicó acerca de la vez que Josué conquistó la ciudad de Jericó.

–¿Qué tuvo que ver eso con el matrimonio de ustedes dos?

–Usted verá –explicó el esposo–, Josué y su ejército reclamaron Jericó, marcharon siete veces alrededor de ella, y las murallas cayeron. Nuestro pastor nos dijo que si confiábamos en Dios, reclamábamos una muchacha que nos gustaba y marchábamos alrededor de ella siete veces, las murallas de su corazón caerían y ella estaría dispuesta a casarse –y con una sonrisa ingenua concluyó–. Eso es lo que yo hice y por eso nos casamos.

Nuestro asistente pastoral quedó estupefacto. ¿Sería posible que el hombre quisiera bromear con él? No, le dijo todo tal como fue. De hecho, varias parejas en esa iglesia en particular se habían casado con base en el mismo principio, tras haber escuchado el mismo sermón.

Esta historia sorprendente ilustra en primer lugar, que cualquier persona puede llegar a tener una confusión extraordinaria acerca del significado de la Biblia y qué hacer al respecto. En segundo lugar, la interpretación y la aplicación de las Escrituras es crucial para las decisiones de la vida.

La importancia de hacer buenos cortes

La interpretación de las Escrituras ha sido un campo de batalla durante siglos por una razón obvia: parece subjetiva. ¿No tiene cada persona su propia opinión? ¿No es una opinión tan válida como cualquier otra? No necesariamente. Yo creo que existen principios claros y objetivos para la interpretación correcta de las Escrituras. Es cierto que algunas áreas son más difíciles que otras, y hay asuntos en los que nunca estaremos todos de acuerdo porque nuestra información es incompleta. Como Deuteronomio 29:29 lo dice: "las cosas secretas pertenecen a Jehová nuestro Dios".

Por otra parte, existen muchas cosas en la Palabra de Dios que podemos interpretar de manera inteligible y ordenada. Como el agnóstico Mark Twain lo admitió: "las cosas de la Biblia que no entiendo tampoco me molestan, las que entiendo sí me molestan en gran medida".

El apóstol Pablo habría estado de acuerdo con Twain sobre ese punto. Al escribir a Timoteo dijo: "procura con diligencia presentarte a Dios aprobado, como obrero que no tiene de qué avergonzarse, que usa bien la palabra de verdad" (2 Ti. 2:15). La expresión griega que se traduce "usa bien" significa "cortar al derecho".

Pablo había sido un artesano que se dedicaba a fabricar tiendas de acampar, y es posible que haya comparado la fabricación de tiendas con el estudio de las Escrituras. En el tiempo de Pablo, las tiendas se hacían con pedazos de cuero animal cosidos entre sí para formar ciertos patrones. Todas las partes debían cortarse con precisión para que se ajustaran sin dejar huecos. Lo mismo puede decirse de las Escrituras. La Biblia es un todo y Dios nos ha dado toda la tienda, por así decirlo, pero si no cortamos al derecho las piezas individuales (los versículos, los capítulos y los libros), el todo no queda bien armado. Por eso debemos aprender a usar bien la Palabra de Dios.

El resultado de un corte torcido puede ir desde un error leve hasta el caos doctrinal y la confusión total. Un ejemplo de caos es lo que hacen las sectas que cortan las Escrituras de acuerdo con sus propios patrones torcidos. No obstante, también se realizan muchos cortes incorrectos entre los cristianos que creen en la Biblia pero que la han utilizado para respaldar enseñanzas increíbles con el uso negligente o torcido de las Escrituras.

Los teólogos llaman la ciencia de la interpretación bíblica *hermenéutica* (de la palabra griega *hermenuo*). Para no faltar a la hermenéutica bíblica correcta, debemos evitar algunos errores básicos.

Justificar un punto a costa de la interpretación adecuada es una tentación común para pastores que quieren forzar las Escrituras a que coincidan con sus sermones. Ahora bien, los laicos pueden caer en la misma trampa. Un ejemplo clásico es el rabino que tomó la historia de la torre de Babel y afirmó que nos enseña a ser más cooperativos y considerados. ¿De dónde sacó eso? Porque su investigación en el *Talmud* reveló que a medida que se elevaba la torre, muchos trabajadores que transportaban cargas de ladrillo hasta arriba caían y morían. Los encargados del proyecto se consternaban cada vez que un obrero caía en la subida, lo cual significaba la pérdida de los ladrillos. En cambio, si un trabajador caía mientras bajaba con su carreta vacía, no se inmutaban.

La crueldad de los constructores de la torre enseña una lección, pero no es a lección de la narración bíblica de la torre de Babel, la cual enseña que Dios confundió las lenguas de los hombres porque ellos se rebelaron contra Él. Dios destruyó la torre de Babel porque era un símbolo de idolatría, no porque a los constructores les importaran más los ladrillos que las personas.

En el estudio bíblico, obtenga el mensaje correcto del pasaje correcto. No justifique sus sesgos u opiniones con la Biblia ni la obligue a decir lo que usted quiere que diga.

Espiritualizar las Escrituras o interpretarla en sentido alegórico también es otra táctica que muchos usan en el púlpito o en sus escritos. Ya vimos un ejemplo cómico pero trágico de una interpretación alegórica con el mensaje que enseñaba a conseguir esposa basado en narración bíblica de la caída de Jericó.

Fui testigo de otro ejemplo de alegoría injustificada en una conferencia en la que hablaron acerca de Juan 11, la historia de la resurrección de Lázaro. Esta fue la interpretación del conferenciante:

"Lázaro es un símbolo de la iglesia, y su resurrección es una imagen vívida del arrebatamiento de los creyentes. La resurrección de Lázaro describe con exactitud el rapto de la iglesia".

Al final este hombre se acercó y me dijo: "John, ¿habías visto eso antes en el texto?" Traté de ser franco pero diplomático: "dudo que alguien haya visto eso antes en el texto, tal vez tú eres el primero".

Algunos pasajes en las Escrituras son simbólicos y otros presentan tipos e imágenes, pero tenga cuidado con la introducción de símbolos e imágenes que no existen en el texto.

Yo llamo esto predicar cuentos de hadas. Los que utilizan este método para justificar sus opiniones no necesitan la Biblia, bien podrían utilizar las fábulas de Esopo, los cuentos de los hermanos Grimm o hasta las páginas amarillas y obtener los mismos resultados. La espiritualización del texto conduce a un pantano de alegorías y aplicaciones falsas.

La suma inductiva de las partes

Aunque sea útil estar al tanto de algunos de los errores que deben ser evitados en el estudio bíblico, la pregunta clave para muchos cristianos es: "¿cómo puedo juntar todas las partes?" "¿Cómo puedo aplicar un método de estudio bíblico que me permita avanzar a mi propia velocidad y según mi propia capacidad?"

Si ha visitado hace poco una librería cristiana, ya sabe que existen cientos de ayudas para el estudio de la Biblia. Puede sentirse abrumado tan solo al leer todos los títulos disponibles. Después de decidirse por un libro, puede pasar muchas horas para familiarizarse con el contenido del libro sin haber empezado siquiera a estudiar la Biblia misma.

Mi solución es algo que usted tal vez haya escuchado antes: estudio inductivo de la Biblia. El término "inductivo" tiene que ver con un razonamiento que va de lo específico a lo general, de las partes al todo. Es lo opuesto al razonamiento deductivo, en el cual uno pasa de lo general a lo específico.

Existen varios libros, comentarios y métodos excelentes que se basan en el estudio inductivo de la Biblia. Tal vez usted quiera examinar algunos de estos métodos por su propia cuenta, pero permítame darle a continuación un método simple de cuatro pasos que puede ayudarle a empezar de inmediato en su aprendizaje de "cortar bien" las Escrituras.

El primer paso es la observación. Lea el texto bíblico una y otra vez. Al observar lo que dice la Biblia en el pasaje, tome apuntes. Tenga en cuenta estas preguntas: ¿Quién fue el escritor? ¿A quién o quiénes escribía? ¿A qué destino y en qué lugar escribió? ¿Cuál era la situación o la ocasión? ¿Cuándo sucedió? ¿Qué aspectos históricos o culturales deberían tenerse en cuenta para entender el pasaje?

Tenga presente que existen varios "abismos" que usted tendrá que saltar con cuidado: idioma, cultura, historia y geografía. Si usted tiene una buena Biblia de estudio como *La Biblia de estudio MacArthur* o la *Biblia de estudio Ryrie*, muchas de las preguntas anteriores se responden en una introducción que se encuentra al principio de cada libro.

El segundo paso es la interpretación. Al interpretar las Escrituras es importante que usted realice su propio trabajo. Aunque ciertas herramientas de estudio le pueden ayudar, no acuda a los comentarios en este punto del proceso. Excave más y determine qué es lo que quiere decir el pasaje. Para hacerlo, siga estos pasos:

(1) Subraye palabras y frases clave y defínalas en términos del contexto. Esto es lo que el pasaje dice. Subraye primero las palabras más básicas e importantes, luego utilice su diccionario bíblico y su concordancia para hacer un estudio del significado de esas palabras.

(2) Parafrasee (ponga en sus propias palabras) cada versículo o sección del pasaje. Si esto se dificulta, trate de traducir o expresar el pensamiento básico del pasaje en una frase comprensible. Esto puede parecer mucho trabajo, y para muchas personas lo es, pero le obliga a pensar con profundidad en el significado del pasaje y a ponerlo en sus propias palabras, un proceso en extremo beneficioso.

(3) Elabore una lista de verdades y principios divinos que están en el versículo, párrafo o pasaje. Hágase estas preguntas: (i) ¿hay un mandato que Dios ha dado? (ii) ¿hay un ejemplo que se debe seguir? (iii) ¿hay algún pecado que debo evitar? (iv) ¿se hace advertencia en contra de alguna enseñanza falsa? (v) ¿se presenta una verdad doctrinal básica acerca de Dios, Cristo, el Espíritu Santo, Satanás o el ser humano? (vi) ¿hay una promesa de Dios a los creyentes en Cristo, a Israel, la iglesia o los incrédulos? (anote las condiciones de la promesa, como por ejemplo en Mateo 6:33).

(4) Establezca relaciones entre las verdades y los principios del pasaje con el resto de las Escrituras. ¿Encuentra otras referencias a las mismas verdades en otros pasajes bíblicos? Utilice su concordancia y otras herramientas de estudio para descubrir estas verdades. Incluya por lo menos una o dos verdades, pero no se atasque por tratar de elaborar una lista de seis u ocho.

El tercer paso es la evaluación. En este punto usted se detiene para considerar lo que han dicho los comentaristas y demás eruditos bíblicos acerca del pasaje, por ejemplo lo que yo he dicho en *La Biblia de estudio MacArthur* y lo que varios académicos han dicho en *The Nelson Study Bible*. Hasta cierto punto usted ya ha dado este paso durante la observación y la interpretación, pero regrese una vez más para ver cuáles verdades o principios divinos son recalcados por los comentarios bíblicos y las Biblia de estudio que usted tenga a disposición en casa o en la biblioteca pública. Tal vez modifique sus propias conclusiones, pero no crea que tiene que coincidir siempre con todos los comentaristas. Como alguien dijo: "la Biblia es un buen comentario de los comentarios".

El último paso es la aplicación. ¿Cómo puede hacerse relevante el pasaje en su propia vida? ¿Qué quiere el Señor que usted deje de hacer? ¿Qué quiere Él que usted empiece a hacer? ¿Qué debería hacer con mayor frecuencia?

Tenga presente que la aplicación de la verdad bíblica no tiene que ser siempre un asunto profundo de vida o muerte. Usted puede aplicar la Palabra de Dios en su casa, todas las mañanas al prepararse para ir a trabajar, o todas las noches durante la cena familiar, así todos estén cansados y hambrientos. Usted puede aplicarla en la iglesia, en su vecindario, en el trabajo y en cualquier otra situación en que se relacione con los demás. Un ejercicio interesante sería enumerar las diversas aplicaciones de las Escrituras que usted puede hacer por cuenta propia. Escríbalas en su cuaderno de estudio y así podrá ver cuántas aplicaciones ha hecho de la verdad bíblica estudiada y aprendida. Imagine todo lo que podrá leer después de un mes, de tres meses y de un año.

Todos los demás pasos y principios del estudio bíblico serán de poca utilidad si no hacemos la aplicación práctica de lo aprendido. De esto mismo habla el apóstol Pablo cuando dijo a Timoteo que "toda la Escritura es inspirada por Dios, y útil para enseñar, para redargüir, para corregir, para instruir en justicia" (2 Ti. 3:16).

La enseñanza o doctrina bíblica es muy básica. Aquí hemos descubierto qué dice la Biblia y qué quieren decir las Escrituras, pero las preguntas definitivas y cruciales son: ¿Qué viene después de la enseñanza recibida? ¿Qué vamos a hacer al respecto? ¿Cómo aplica usted la Biblia a su propia vida?

Aquí es donde se requiere redargüir, corregir e instruir en justicia. A medida que la Palabra de Dios nos redarguye, revela nuestro pecado y nos muestra cómo y por qué debemos cambiar. Nuestro siguiente paso es corregir nuestra trayectoria, cambiar nuestro sendero y desarrollar nuevos hábitos. Todo esto nos instruye en la justicia divina y nos convierte en discípulos en quienes la palabra de Cristo mora en abundancia mientras le damos gracias a Él (véase Col. 3:15-17).

En resumen

La interpretación de las Escrituras puede ser un campo confuso de batalla si no se emplean principios objetivos. De acuerdo con 2 Timoteo 2:15, el cristiano debe aprender a usar bien la palabra de verdad y hacer cortes derechos de las Escrituras. En la historia humana existen bastantes ejemplos de interpretaciones torcidas o incompletas de las Escrituras.

Un error básico que cometen algunos estudiantes de la Biblia es tratar de respaldar un punto a costa de la interpretación correcta. En otras palabras, no se deben manipular los textos para justificar opiniones sesgadas y forzar la Biblia a decir lo que uno quiera.

Otro error básico es espiritualizar el texto bíblico o tratarlo como una alegoría. Este método rebuscado permite que corra la imaginación humana para obtener cierto "significado" del pasaje bíblico. Siempre que se utiliza lenguaje alegórico en las Escrituras, es bastante obvio. El problema empieza cuando maestros, predicadores y otros estudiantes de la Biblia empiezan a tratar como alegoría ciertos pasajes bíblicos que no contienen alegorías.

Un método básico de estudio bíblico es el método inductivo. Los pasos clave del método inductivo son la observación, la interpretación, la evaluación y por encima de todo la aplicación. Las Escrituras enseñan, redarguyen, corrigen e instruyen en justicia (véase 2 Ti. 3:16), a medida que permitimos que la palabra de Cristo more en abundancia en nuestra vida (véase Col. 3:15-17).

NOTAS

CAPÍTULO DOS

1. Un estudio más completo sobre este tema se encuentra en mi libro *The Charismatics* [Los carismáticos] (Grand Rapids: Zondervan Publishing House), pp. 15-39.

CAPÍTULO CINCO

1. "La declaración de Chicago sobre inerrancia bíblica", finalizada en una reunión general del concilio internacional de la inerrancia bíblica, realizada en Chicago, Illinios en octubre de 1978. El secretario general fue James M. Boice. Los miembros del concilio fueron: Gleason L. Archer, James M. Boice, Edmund P. Clowney, Norman L. Geisler, John H. Gerstner, Jay H. Grimstead, Harold W. Hoehner, Donald E. Hoke, A. Wetherell Johnson, Kenneth S. Kantzer, James I. Packer, J. Barton Payne, Robert D. Preus, Earl D. Radmacher, Francis A. Schaeffer, R. C. Sproul.
2. *Ibíd.*
3. *Ibíd.*
4. D. Martyn Lloyd-Jones, "The Authority of the Scripture" [La autoridad de las Escrituras], *Eternity* (abril de 1957).
5. *Ibíd.*
6. *Ibíd.*
7. *Ibíd.*
8. Billy Graham, "The Authority of the Scriptures" [La autoridad de las Escrituras], revista *Decision* (junio de 1963).

CAPÍTULO SEIS

1. John F. MacArthur, Jr., *Focus on Fact* [Enfoque en los hechos] (Old Tappan, Nueva Jersey: Felimming H. Revell Company, 1977); Henry Morris, *Many Infallible Proofs* [Muchas pruebas infalibles] (San Diego: Creation-Life Publishers, 1974); Batsell B. Baxter, *I Believe Because* [Yo creo porque] (Grand Rapids: Baker Book House, 1971); Bernard Ramm, *Protestant Christian Evidences* [Evidencias del cristianismo protestante]

(Chicago: Moody Press, 1953); Harold Lindsell, *God's Incomparable Word* [La Palabra incomparable de Dios] (Wheaton: Victor Books, 1977); James C. Hefley, *Adventures with God...Scientists Who Are Christians* [Aventuras con Dios: científicos que son cristianos] (Grand Rapids: Zondervan Publishing House, 1967).

2. Paráfrasis de las palabras de Agustín en *De Genesi Ad Litteram*, citado por Fritz Ridenour en *Who Says?* [¿Quién dice?] (Glendale, California: Regal Books, 1967), p. 151.

3. W. F. Albright, *Archaeology and the Religion of Israel* [La arqueología y la religión de Israel] (Baltimore: John Hopkins Press, 1956).

4. Fritz Ridenour, *Who Says?* [¿Quién dice?] (Glendale, California: Regal Books, 1967), pp. 84, 85.

5. *Ibíd.*, p. 85,

6. Véase, por ejemplo, de Miller Burrows, *What Mean These Stones?* [¿Qué quieren decir estas piedras?] (American School of Royal Research, 1977); Donald J. Weisman y Edwin Yamauchi, *Archaeology and the Bible: An Introductory Study* [Grand Rapids: Zondervan Publishing House, 1979); Clifford A. Wilson, *(Rocks, Relics and Biblical Reliability* [Rocas, reliquias y confiabilidad bíblica] (Grand Rapids: Zondervan Publishing House, 1977).

7. Ridenour, *Who Says?* [¿Quién dice?], pp. 78, 79.

CAPÍTULO SIETE

1. D. Martyn Lloyd-Jones, *Authority* [Autoridad] (Downers Grove, Illinois: InterVarsity, 1958), p. 17.

2. *Ibíd.*, p. 19.

3. Robert P. Lightner, *The Saviour and the Scriptures* [El Salvador y las Escrituras] (Nutley, Nueva Jersey: Presbyterian and Reformed Publiching Co., 1973), p. 83.

4. F. F. Bruce, *The Books and the Parchments* [Los libros y los pergaminos] (Londres: Pickering and Inglis, 1950), p. 164.

5. R. T. France, *Jesus and the Old Testament* [Jesús y el Antiguo Testamento] (Wheaton, Illinois: Tyndale House Publishers, 1971), p. 27.

6. James I. Packer, *Fundamentalism and the Word of God* [El fundamentalismo y la Palabra de Dios] (Grand Rapids: Wm. B. Eerdmans Publishing Co., 1958), pp. 54-62.

7. Norman L. Geisler y William E. Nix, *A General Introduction to the Bible* [Introducción general a la Biblia] (Chicago: Moody Press, 1968), pp. 59, 60.

8. John M. M'Clintock y James Strong, definición de "Accomodation" [Acomodación], en la obra *Cyclopaedia of Biblical, Theological-*

Ecclesiastical Literature [Enciclopedia de literatura bíblica, teológica y eclesiástica] (Nueva York: Arno Press, 1969), p. 47.

9. Milton S. Terry, *Biblical Hermeneutics* [Hermenéutica bíblica] (Grand Rapids: Zondervan, 1974), p. 166.

10. Geisler y Nix, *General Introduction* [Introducción general], p. 60.

11. *Ibíd.*, p. 61.

12. Lightner, *The Saviour and the Scriptures* [El Salvador y las Escrituras], p. 47.

13. Packer, *Fundamentalism* [Fundamentalismo], p. 61.

14. Una buena discusión acerca de la promesa de inspiración divina que Jesús hizo a los autores del Nuevo Testamento se encuentra en el libro de René Pache, *The Inspiration and Authority of Scripture* [La inspiración y la autoridad de las Escrituras] (Chicago: Moody Press, 1969), pp. 90, 91.

CAPÍTULO OCHO

1. Henry M. Morris, *Many Infallible Proofs* [Muchas pruebas infalibles] (San Diego: Creation-Life Publishers, 1974), p. 157.

2. *Ibíd.*, p. 159.

3. G. Abbot-Smith, *Manual Greek Lexicon of the New Testament* [Manual léxico griego del Nuevo Testamento] (Edimburgo: T. And T. Clark, 1921), p. 230.

4. Merril C. Tenney, *The New Testament* [El Nuevo Testamento] (Grand Rapids: Wm. Eerdmans Publishing Co., 1953), p. 47.

5. B. F. Wescot, *A General Survey of the History of the Canon of the New Testament* [Descripción general de la historia del canon del Nuevo Testamento] (Londres: Macmillan Publishing Company, 1875), p. 516.

6. Una discusión completa del desarrollo del canon del Antiguo Testamento se encuentra en el libro de Norman L. Geisler y William E. Nix, *From God to Us: How We Got Our Bible* [De Dios a nosotros: cómo obtuvimos nuestra Biblia] (Chicago: Moody Press, 1974), cap. 7.

7. Véase de Donald Guthrie, "The Canon of Scripture" [El canon de las Escrituras], en *The New International Dictionary of the Christian Church* [El nuevo diccionario internacional de la iglesia cristiana] (Grand Rapids: Zondervan Publishing House, 1974), pp. 189, 190.

8. Una buena discusión de los libros apócrifos se encuentra en el libro de Norman L. Geisler y William E. Nix, *General Introduction to the Bible* [Introducción general a la Biblia] (Chicago: Moody Press, 1976), pp. 162-207.

9. Alma 5:45, 46, *The Book of Mormon* [El libro de mormón] (Salt Lake City: The Church of Jesus Christ of Latter-Day Saints, 1950), p. 208.

10. *The Christian Science Journal* [Revista de ciencia cristiana] 3:7 (julio de 1975), p. 362.

11. *Ibíd.*, p. 361.
12. *The First Church of Christ, Scientist and Miscellany* [La primera iglesia de Cristo científico y miscelánea] (Boston, 1941), p. 115.
13. *The Watchtower* [La atalaya] (15 de abril de 1943), p. 127.
14. Revista *Christianity Today* 21:10 (18 de febrero de 1977), p. 18.

CAPÍTULO DIEZ

1. Véase de William Hendriksen, *Exposition of the Gospel According to John* [Exposición del evangelio según Juan], vol. 2. (Grand Rapids: Baker Book House, 1953), pp. 50-52.
2. Para los pasajes acerca de Dios como Creador, véase Génesis 1:1; Nehemías 9:6; Job 26:7. Pasajes sobre Dios como Creador del hombre, véase Génesis 1:26, 27; Job 12:10. Sobre la eternidad de Dios, véase Job 36:26; Salmo 9:7; Efesios 3:21; 1 Timoteo 1:17. Sobre la fidelidad de Dios, véase Salmos 11:5; 103:17; 121:3; 1 Corintios 10:13; 2 Corintios 1:20; 1 Tesalonicenses 5:24. Pasajes sobre la brevedad de la vida, véase 1 Samuel 23; Job 8:9; Salmo 90:9. Acerca de la vida eterna, véase Juan 5:24; 11:25; 1 Juan 2:25. Versículos acerca de la muerte, véase Romanos 5:12; 1 Corintios 15:21, 22; Hebreos 9:27.
3. Sobre las relaciones entre hombres y mujeres y esposos y esposas, véase el sermón del monte en Mateo 5-7; 1 Corintios 7; Efesios 5:21-33. En cuanto a las relaciones entre amigos y enemigos, véase Proverbios 17:17; 27:10; 27:17; Mateo 5:43, 44; Juan 15:13.
4. En cuanto a lo que enseña la Biblia acerca de qué comer y beber, véase Romanos 14:17-21; 1 Corintios 10:31. Pasajes importantes acerca de cómo vivir, véase Lucas 6:31; Romanos 12; Gálatas 5:22-26. Versículos acerca de cómo pensar, véase Proverbios 12:5; Romanos 12:3; Filipenses 4:6-8.

CAPÍTULO ONCE

1. Alan Redpath, *Getting to Know the Will of God* [Cómo llegar a conocer la voluntad de Dios] (Downers Grove, Illinois: InterVarsity Press, 1954), p. 12.
2. Dwight L. Carlson, *Living God's Will* [Vivir la voluntad de Dios] (Old Tappan, Nueva Jersey: Fleming H. Revell Company, 1976), punto 3.
3. Jim Conway, *Men in Mid-Life Crisis* [Hombres en plena crisis de media vida] (Elgin, Illinois: David C. Cook Publishing Company, 1978). Estos son los capítulos que tratan problemas sexuales en particular: 10, 11, 15-19.
4. Barbara R. Fried, *The Middle-Age Crisis* [La crisis en la mitad de la vida] (Nueva York: Harper and Row Publishers, Inc., 1967), p. 39.

5. John F. MacArthur, *Found: God's Will* [Encontré la voluntad de Dios] (Wheaton, Illinois: Victor Books, 1973).

CAPÍTULO TRECE

1. Donald Guthrie, *The New Bible Commentary* [El nuevo comentario bíblico] (Grand Rapids: Wm. B. Eerdmans, 1970), p. 959.

2. William Barclay, *The Gospel of John* [El Evangelio de Juan] (Edimburgo: The Saint Andrew Press, 1955), pp. 172-176.

3. Algunos teólogos han hecho una interpretación incorrecta de la analogía de la vid y los pámpanos para llegar a la conclusión de que Cristo no es parte de la deidad porque el labrador, es decir, el Padre, es una persona sin ninguna relación que cuida la vid por cuenta propia. Su argumento es que si la deidad de Jesús fuera genuina, el Padre habría sido representado más bien como las raíces de la vid, por decir algo. No obstante, el propósito de esta analogía de Jesús no era enseñar algo acerca de su unión con el Padre. Juan ya había declarado de forma bastante concluyente que Jesús es Dios en otros lugares de su Evangelio (véase por ejemplo Jn. 14:1-6). Lo que Jesús enseña aquí es la clase de cuidado que el Padre ejerce para beneficio de los discípulos del Hijo.

4. Una discusión excelente de ciertas cosas que pueden tener apariencia de fruto, véase el libro de James E. Rosscup, *Abiding in Christ: Studies in John 15* [Permanecer en Cristo: estudios sobre Juan 15] (Grand Rapids: Zondervan Publishing House, 1973), pp. 70-77.

5. Esta es la primera pregunta de la confesión de Westminster: "¿Cuál es el propósito último del hombre?" Respuesta: "el propósito último del hombre es glorificar a Dios y disfrutarle para siempre". Westminster Assemblies Shorter Catechism [Catecismo breve de las asambleas de Westminster].

CAPÍTULO CATORCE

1. Una discusión de las palabras *romphaia* y *machaira* se encuentra en el *Expository Dictionary of New Testament Words* [Diccionario expositivo de palabras del Nuevo Testamento] de W. E. Vine, vol. 4 (Old Tappan, Nueva Jersey: Fleming H. Revell Co., 1940), p. 100.

2. William Barclay, *The Gospel of Matthew* [El Evangelio de Mateo] (Edimburgo: The Saint Andrew Press, 1956), p. 60.

3. A. Naismith, *1200 Notes, Quotes and Anecdotes* [1.200 notas, citas y anécdotas] (Chicago: Moody Press, 1962), p. 15.

CAPÍTULO DIECISÉIS

1. Charles R. Pfeiffer y Everett F. Harrison, editores de *The Wycliffe Bible*

Commentary [el comentario bíblico de Wycliffe] (Chicago: Moody Press, 1962), p. 62.

2. Para un plan más básico de lectura bíblica, véase de Henry H. Halley, *Halley's Bible Handbook* [Manual bíblico Halley] (Grand Rapids: Zondervan Publishing House, 1965), pp. 805-813.

3. Más información acerca del *Navigator's Topical System* [Sistema temático de los navegantes], véase los manuales guía número uno, dos y tres. NavPress, P.O. Box 35001, Colorado Springs, Colorado 80901.

ÍNDICE

"El *Comentario MacArthur del Nuevo Testamento* es la culminación de los comentarios bíblicos, así de sencillo. No se había visto desde los tiempos de Juan Calvino en Ginebra que un pastor permaneciera en el púlpito y produjera un conjunto teológico semejante a este. Hay aquí exégesis, exposición, doctrina, homilética, hermenéutica, revelación, pastoral y práctica; todo en esta serie. Si me encerrara en una habitación para preparar un sermón y solo tuviera una Biblia y una herramienta de referencia, esta sería la herramienta: el *Comentario MacArthur del Nuevo Testamento*, un tesoro expositivo sin par. No volveremos a ver en esta generación una obra de esta magnitud producida por un solo hombre".

    —*Dr. Steven J. Lawson*,
    Pastor principal, Christ Fellowship Baptist Church, Mobile, AL (USA)

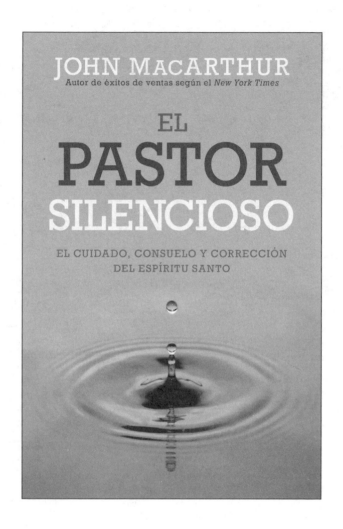

JOHN MACARTHUR

Autor de éxitos de ventas según el *New York Times*

EL

PASTOR

SILENCIOSO

EL CUIDADO, CONSUELO Y CORRECCIÓN
DEL ESPÍRITU SANTO

La función del Espíritu Santo en la vida cristiana es a menudo malentendida. Algunos creyentes se enfocan únicamente en los dones espirituales y otros evitan el tema por completo. No obstante, la verdad es que el Espíritu de Dios es indispensable para el corazón y la vida del creyente, y obra de buen grado en él.

Por más de treinta años, el reconocido pastor y maestro John MacArthur ha impartido enseñanza bíblica práctica, a fin de ayudar a los cristianos a crecer en su camino de fe.

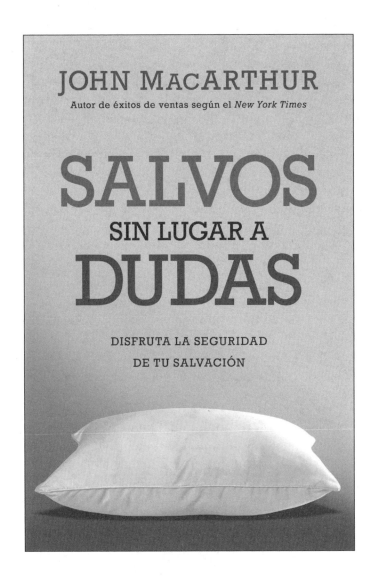

JOHN MACARTHUR

Autor de éxitos de ventas según el *New York Times*

SALVOS
SIN LUGAR A
DUDAS

DISFRUTA LA SEGURIDAD
DE TU SALVACIÓN

Todos los creyentes han luchado con estas preguntas en algún momento de su vida. *Salvos sin lugar a dudas* trata este tema difícil, examinando las Escrituras para descubrir la verdad sobre la salvación, y a la vez analizando cuestiones difíciles que pueden obstaculizar nuestra fe. Los lectores podrán desarrollar una teología de la salvación basada en la Biblia, y ser alentados a descansar de forma segura en su relación personal con Cristo.

LLAVES
DEL
CRECIMIENTO
ESPIRITUAL

Descubra los tesoros de Dios

JOHN MACARTHUR

En este libro, el pastor John MacArthur analiza a fondo numerosos pasajes bíblicos para mostrar las riquezas de Dios en Jesucristo: riquezas que nos ayudarán a seguir creciendo en la fe y en el espíritu.

Este pastor y autor reconocido lleva a los lectores a los fundamentos de la verdadera vida cristiana, a fin de que puedan descubrir los tesoros que Dios tiene para ellos en Cristo.

Las Escrituras son claras en cuanto al hecho de que debemos estar preparados para comunicar la verdad del evangelio siempre que se nos presente la oportunidad, y hacerlo con la actitud correcta. Pero incluso cuando su tono es amable y respetuoso, ¿qué debe decir, específicamente, cuando le preguntan o le retan en cuanto a su fe? Y como discípulo de Cristo, ¿cuál es su responsabilidad general para con los que no creen?

Combinando un estudio bíblico del evangelismo, con una defensa racional de las creencias cristianas y un enfoque práctico del testimonio cristiano, este libro le ofrece una perspectiva bien razonada que le puede ayudar a dar respuestas amables y confiadas de la esperanza que usted tiene en Cristo Jesús.

EDITORIAL
PORTAVOZ

NUESTRA VISIÓN

Maximizar el efecto de recursos cristianos de calidad que transforman vidas.

NUESTRA MISIÓN

Desarrollar y distribuir productos de calidad —con integridad y excelencia—, desde una perspectiva bíblica y confiable, que animen a las personas a conocer y servir a Jesucristo.

NUESTROS VALORES

Nuestros valores se encuentran fundamentados en la Biblia, fuente de toda verdad para hoy y para siempre. Nosotros ponemos en práctica estas verdades bíblicas como fundamento para las decisiones, normas y productos de nuestra compañía.

Valoramos la excelencia y la calidad
Valoramos la integridad y la confianza
Valoramos el mérito y la dignidad de los individuos
    y las relaciones
Valoramos el servicio
Valoramos la administración de los recursos

Para más información acerca de nuestra editorial y los productos que publicamos visite nuestra página en la red: www.portavoz.com